Helmut Zierer · Ein „Bauernopfer" für den Größenwahn des Kaisers

Helmut Zierer

Ein „Bauernopfer" für den Größenwahn des Kaisers

Anklage wegen grob-fahrlässiger Tötung meines Großvaters als Soldat im Ersten Weltkrieg

„Ein Reich, das einzig auf Gewalt bestanden hat und nicht auf Freiheit, Gerechtigkeit und Wahrheit, ein Reich, in dem nur befohlen und gehorcht, verdient und ausgebeutet, des Menschen aber nie geachtet ward, kann nicht siegen, und zöge es aus mit übermenschlicher Macht."

(Heinrich Mann, 1915)

Impressum

© 2017 Helmut Zierer
Lektorat und redaktionelle Bearbeitung: Werner Dreher
Grafische Gestaltung: Helmut Zierer
Druck und Verlag: Michael Laßleben, Kallmünz
ISBN 978 - 3 - 7847 - 1240 - 6

Inhaltsverzeichnis

1. Die Anklage

Vorwort zum Verständnis

Eine Anklage wegen grob-fahrlässiger Tötung meines Großvaters durch das kaiserliche Deutschland

Es ist nichts Ungewöhnliches, wenn ein Mensch, der dem Jahrgang 1941 angehört und sich somit in einer Lebensphase befindet, die man als „spätherbstlich" bezeichnen kann, sich mit der geschichtlichen Epoche – in der innerhalb von 25 Jahren zwei Kriegskatastrophen von deutschem und 1914 auch von österreichischem Boden ausgingen – beschäftigt. Das Ergebnis dieser schrecklichen Bilanz waren weltweit mindestens 65 Millionen Tote. Erschreckend ist neben der menschlichen Tragödie auch die Tatsache, dass dieses Ereignis im offiziellen Geschichtsunterricht meiner Generation weitgehend keine Erwähnung fand, obwohl die Opfer auf unzähligen Kriegerdenkmälern in Stein gemeißelt sind. So auch in meinem Heimatort, wo auf zwei Denkmälern 67 Namen, davon 23 Tote des Ersten Weltkriegs, Zeugnis ablegen – darunter auch mein Großvater Johann Spies. Dies ist eine erschütternde Quote von etwas mehr als zehn Prozent der damaligen Eilsbrunner Bevölkerung.

Besonders schicksalhaft aber ist die Tatsache, dass es sich bei den zu Tode gekommenen Kriegern um junge Leistungsträger der überwiegend kleinbäuerlichen Existenzen und um Nebenerwerbslandwirte handelte. Häufig führte dies zu ausweglosen Notsituationen bei kinderreichen Familien, die dadurch ohne Ernährer waren. So auch bei meiner Familie, wo meine Mutter als jüngstes von fünf Kindern ein halbes Jahr alt war, als ihr Vater – wie es so schön hieß – „für Kaiser, Volk und Vaterland den Heldentod starb". Nein, dies geschah nicht für „Volk und Vaterland", sondern für einen zu Abenteuern bereiten und größenwahnsinnigen Kaiser, dem Deutschland als Großmacht, in der man seit 43 Jahren in Frieden relativ gut lebte, zu gering war: Wilhelm II. wollte, dass Deutschland Weltmacht wird. Getrieben dazu wurde er von einem kriegslüsternen Generalstab und von geldgierigen Rüstungs- und Industriebaronen. Das Ergebnis war bekanntlich zigmillionenfaches Leid für alle am Krieg beteiligten Völker, einschließlich meiner Großmutter, die ihre Familie ohne finanzielle Unterstützung durchbringen musste.

Für mich stellt sich deshalb die Frage: Warum konnte es zu dieser von Menschen verursachten Tragödie kommen? Die Ursache liegt weit zurück, denn schon vom ausgehenden Mittelalter bis nahezu in die Hälfte des 20. Jahrhundert galten demokratische Bestrebungen auf deutschem Boden als suspekt und fremdartig. Den Gegensatz dazu bildeten die salonfähige militärische Disziplin und die Obrigkeitshörigkeit, was den herausragenden Stellenwert des Militärs im Vergleich mit den Zivilberufen verdeutlicht. In Carl Zuckmayers Tragikomödie „Der Hauptmann von Köpenick" wird dies eindrucksvoll vor Augen geführt. Der deutsche Boden war sozusagen ein unfruchtbarer für das Wachstum der Demokratie, trotz herausragender humanistischer Geistesgrößen – vor allem in der Zeit der Aufklärung bis Anfang des 19. Jahrhunderts, wo es eine Vielzahl deutscher Einzelstaaten gab und noch nicht das deutsche Kaiserreich von 1871.

Mich veranlasste dieser Fragenkomplex, nach den Ursachen zu suchen, um eine Erklärung für diese schrecklichen Ereignisse zu finden. Vor allem der Erste Weltkrieg, der meines Erachtens in meiner Familie traumatische Spuren hinterlassen hatte, besitzt bei meinen Erkundungen Priorität.

Hommage für meinen toten Großvater Johann Spies

Lieber Opa,

Du bist nun seit dem 12. Juni 1917 tot. Dein Tod ist zwar nicht allgemein von großer Bedeutung – warst ja nur einer von zehn Millionen Menschen, die während dieser vier Weltkriegsjahre ihr Leben ließen. Oder wie es oft so zynisch heißt, „im Feld geblieben sind", als hätten sie sich für das Feld entschieden, das sie häufig im zivilen Leben fruchtbar bestellt haben, um die Menschen zu ernähren. Es war nun mal der Tod auf dem Schlachtfeld.

Opa, ich wusste lange Zeit nicht viel über Dich und von Dir. Bildlich begleitest Du mich aber während meiner ganzen Kindheit und Jugend in Form eines überdimensional großen Fotos, das mit einem massiven schwarzen Rahmen versehen war. Es zeigte Dich in typisch strammer Soldatenhaltung mit kriegstüchtiger Ausrüstung. Soweit Deine optische Wirkung auf mich. Hingegen ist mir Dein Innenleben, Deine Gedankenwelt sozusagen, kaum bekannt gemacht worden. Es gibt aber eine Ausnahme, die mir wiederholt in jungen Jahren erzählt wurde, die auf mich aber sehr betrüblich, ja entsetzlich gewirkt hat. Zugetragen muss sich das etwa im Frühjahr 1917 haben. Damals hattest Du einen Fronturlaub. Bei Deiner Ankunft in Deinem Anwesen wurdest Du – da Deine Frau, also meine Oma, mit der Feldarbeit beschäftigt war – von Deinem ältesten Kind, der neunjährigen Berta empfangen. Diese wollte Dich mit zwei aus ihrer Sicht erfreulichen Nachrichten überraschen: die eine war die Geburt eines Kalberls und die zweite die eines Deandls mit dem Namen Annerl, das 24 Jahre später meine Mama wurde. Deine Reaktion auf diese Nachricht war sicherlich auch für Deine Tochter, meine Tante Berta, enttäuschend. Du solltest gesagt haben: „Ich scheiß aufs Kalberl und aufs Deandl." Soweit diese traurige und schwer nachvollziehbare Überlieferung.

9

Nun fiel mir vor ein paar Jahren, bei der Sichtung alter Fotos und Karten im Zusammenhang mit der Haushaltsauflösung Deiner verstorbenen Tochter bzw. meiner Tante Fanny, eine Feldpost-Kunstkarte, von Dir geschrieben am 22. November 1916 an Deine Schwester Franziska Spies, in die Hände. Diese Karte mit dem Motiv einer betenden bäuerlichen Frau vor einem Marterl, mit einer Gebirgskette im Hintergrund ist sehr bemerkenswert und erstaunlich, aber nicht wegen des Motivs, sondern wegen des Inhalts Deiner Botschaft. Bemerkenswert, weil der Poststempel exakt den Geburtstag meiner Mama beinhaltet. Erstaunlich deshalb, weil sie Deine Empfindungen und Gefühle dokumentiert, die völlig gegensätzlich zu denen stehen, die Du – wie oben erwähnt – anlässlich Deines Fronturlaubs zum Ausdruck brachtest. Es war ein Dankschreiben an Deine Schwester, die ich O-Tante nannte und die zu mir recht spendabel war, wie offenbar auch zu Dir. Denn Du bedanktest Dich für ihr Lebensmittelpaket. Zugleich machtest Du ihr gegenüber auch deutlich, dass sie in Zukunft keine Proviantpakete mehr schicken soll, denn über einen Brief würdest Du Dich genauso freuen. Vielmehr sorgtest Du Dich um die Ernährung Deines Vaters, wie Du schreibst. Er solle gut ernährt werden, damit „er zu Kräften kommt und gesund bleibt, wir können ihn noch länger brauchen". Außerdem appellierst Du sehr eindringlich, „daß Ihr Euch gut vertragt und fest zusammenhaltet". Lieber Opa, mit diesen fürsorglichen Zeilen an Deine Familie hast Du mich mit Dir versöhnt.

Ich habe den Verdacht, dass es der Kriegsalltag mit seiner menschenverachtenden Brutalität und seinen willkürlichen Befehlen war (Kostproben entnahm ich aus dem Buch „Der kleine Frieden im Großen Krieg"), der Dein Verhalten und die Äußerungen während Deines Fronturlaubs im Frühjahr 1917 verständlich macht. Bei Deinem Abschied damals hast Du ja Verzweiflung, Hoffnungslosigkeit und Resignation zum Ausdruck gebracht. So zum Beispiel gegenüber einem kleinen Buben aus der Nachbarschaft, der mir davon 37 Jahre später erzählte: Großzügig hast Du ihm zu Beginn Deines letzten Weges zur

Bahnstation Etterzhausen mit Küachal aus Deinem Reise-Proviant-Rucksack und Abschiedsworten bedacht. Dieses Verhalten soll nach anderen Aussagen kein Einzelfall gewesen sein. Nachdem der Zug Dich von Etterzhausen nach Regensburg gebracht hat, wurdest Du dort am Bahnhof von Deinen Schwestern Fanny und Anna empfangen und zugleich vor der Weiterfahrt ins Kriegsgeschehen verabschiedet. Wie ich vor einigen Jahren von Deinem inzwischen verstorbenen Neffen Ignaz, dem Sohn Deiner jüngsten Schwester, erneut erfuhr, hast Du ihnen gegenüber zum Ausdruck gebracht, dass es kein Wiedersehen geben wird. Dieser letzte Aufenthalt in der Heimat macht deutlich, dass Deine Psyche bereits beim Abschied getötet war, am 12. Juni folgte dann der physische Tod.

Für mich stellt sich auch die Frage, wie Du – vermutlich als guter Patriot – zu Tode kamst. Denn es kann durchaus sein, dass Du von einer englischen Granate getroffen wurdest, in der die Buchstaben KPZ eingeprägt waren. Sie stammte nämlich von der mit Kaiser Wilhelm II. eng verbundenen „Vaterländischen Anstalt" und Europas größten Waffenschmiede Krupp. Die drei Buchstaben stehen für „Krupp-Patent-Zeitzünder", und der deutsche Rüstungsunternehmer kassierte für jede abgefeuerte Granate vom britischen Waffenkonzern Vickers 60 Mark Lizenzgebühr. Im Klartext bedeutet dies, je mehr die britische Artillerie deutsche Stellungen mit Granaten beschoss, desto höher wurde der Profit der deutschen „Vaterländischen Anstalt" Krupp. Deutsche Soldaten wollten aus verständlichen Gründen nicht begreifen, wieso sie sich von Granaten aus der Heimat zerfetzen lassen mussten.

Verantwortlich für diese abscheuliche Perversion sind die Herren Gustav Krupp von Bohlen und Halbach sowie sein Generaldirektor, Geheimrat Alfred Hugenberg, der sich später als Steigbügelhalter Hitlers hervortat. Es ist eine Ironie des Schicksals, wenn in Kriegszeiten Millionen Männer an der Front ihre Gesundheit und vor allem ihr Leben riskieren, aber die Herren an der Spitze der heimischen Rüstungsindustrie gigantische Gewinne machen und, wie zum Beispiel bei Friedrich Flick, die Basis schufen für Milliardenvermögen der Enkelgenerationen. Als schrecklicher Kontrast zu diesen Tatsachen steht die andere Realität, die Deine Frau bzw. meine Großmutter erfuhr, als sie sich beim Bürgermeister nach einer Rente für Dich toten Helden und ehemaligen Kleinstlandwirt und Vater von fünf kleinen Kindern erkundigte: „Spaisin, des ist so wenig, daß es sich nicht lohnt einen Bleistift in die Hand zu nehmen", war sinngemäß nach Erzählung von Verwandten die Antwort hierauf.

Deinen Vater, also meinen Urgroßvater, um den Du Dich auf der Feldpostkarte so gesorgt hast, hat Dein Tod sehr erschüttert. Der Pfarrer Andreas Stückler sagte bei der Beerdigung meines Urgroßvaters am 8. Januar 1922: „Dieser Schlag hat den alten Mann so ergriffen, dass er einige Zeit haderte mit dem Schicksal ... Dieser harte Schlag zehrte an seinem Lebensmark. Er kränkelte seit dieser Zeit."

Lieber Opa, Dein Leben und vor allem Dein Tod als Landsturmmann waren die wesentliche Ursache, um mich mit der neueren deutschen Geschichte intensiver zu beschäftigen. Schwerpunkt ist natürlich die Epoche, in der Du „geopfert" worden bist. Wie konnte es zu dieser Entwicklung mit ihren schrecklichen Folgen kommen? Wie war die politische und gesellschaftliche Situation? Wie groß war der Appetit auf Krieg bzw. dessen Umfang und Ausmaß? Nach heutigen Dokumenten und Informationsquellen behaupte ich, dass die Legenden und Lügen über Entstehung, Verlauf und Ende des Ersten Weltkrieges – damals sprach man ja vom Großen Krieg – eine wesentliche Ursache für die Entstehung des Hitler-Systems waren, das weltweit eine Todesliste zu verantworten hat, die das etwa Fünffache von der umfasst, die vom 9. November 1918 datiert ist.

Nun, lieber Opa, ist es mir gelungen, Deine Begräbnisstätte ausfindig zu machen. Ich habe mich nämlich beim Volksbund Deutsche Kriegs-

gräberfürsorge, dessen Mitglied ich bin, nach Dir erkundigt. Und siehe da, Du bist kein Unbekannter. Nachdem ich wusste, wann und wo Du gestorben bist und auch Dein Dienstgrad und Deine militärisch-organisatorische Zuordnung auf dem Sterbebild stehen, habe ich erfahren, dass Du ursprünglich in einem Einzelgrab in Hooglede bestattet warst. Zwischen 1955 und 1957 wurden viele kleine Gräberanlagen mit deutschen Gefallenen in Belgien aufgelöst und Du bist dann nach Langemark (Belgien) in ein Kameradengrab umgebettet worden. Außerdem habe ich erfahren, dass Du im Kampf um eine Zuckerfabrik zu Tode kamst und, wie ich vermutet habe, Dein Sterbeort Warneton nicht in Frankreich liegt, wie es auf dem heimischen Kriegerdenkmal steht, sondern in Belgien. Für mich stellt sich die Frage: Ist dieser Fehler aus Unwissenheit der deutschen Kriegsverwaltung passiert oder hat man es aus taktisch-psychologischen Gründen getan? Denn es macht zumindest einen moralischen Unterschied, ob man den sogenannten Erbfeind, dem man offiziell den Krieg erklärt hat, bekriegt oder ein kleines, neutrales Land aus strategischen Gründen überfällt.

Wir, meine Frau Hildegard und ich, machten uns Ende Mai 2006 mit einer Handvoll Eilsbrunner Heimaterde auf den Weg und besuchten Dich im belgischen Langemark. 44.061 Soldaten ruhen in diesem Friedhof, darunter auch viele Namenlose. Es war ein ergreifendes Geburtstagsgeschenk für mich, als wir bei strömenden Regen die Inschrift lasen: „SPIES JOHANN LANDSTURMMANN“.

Lieber Opa, ich möchte Dich nicht grüßen mit dem Pathos der Glorifizierung des Heldentodes, den unsere christlichen Kirchen Jahrhunderte gelehrt und verkündet haben – erst recht nicht mit zynischen und absurden Sprüchen, die auch noch 26 Jahre später auf Sterbebildern von Gefallenen standen, wie: „Bist Teurer du gestorben, hast mutig dir mit tapferer Hand, den Himmelslohn erworben.“ Oder: „Die Kugel hat mich hart getroffen, den Kriegern steht der Himmel offen.“

13

Ich weiß, Du hättest liebend gerne mit Deinen zwei Kühen Deine Felder bestellt und, wegen des notwendigen Zubrots für Deine siebenköpfige Familie, im staatlichen Wald gearbeitet.

Deshalb ruhe sanft in Frieden. Dein ältester Enkel Helmut Zierer

(Fürstenfeldbruck, im Juni 2006)

Trauerbildchen zur Erinnerung an Johann Spies, Landsturmmann, 11. Kompagnie, mit der Aufschrift: „den Heldentod fürs Vaterland gestorben am 12. Juni 1917 im Alter von 38 Jahren".

Feldpostkarte vom 22. November 1916, geschrieben von meinem Großvater Johann Spies an seine Familie daheim in Eilsbrunn. Er bedankte sich auch bei seiner Schwester Fanny Spies für das Naturalienpaket.

Theres Spies, geboren am 28. März 1881, stand nach dem Kriegstod ihres Mannes Johann Spies 1917 mit fünf kleinen Kindern ohne Ernährer und ohne Witwenrente da.

Berta Spies (links) mit ihren Geschwistern Fanny, Marie und Hans – sie bekam als Neunjährige im Frühjahr 1917 die verstörende Reaktion ihres Vaters auf die Nachricht von Nachwuchs in Familie und Stall zu hören.

Das Anwesen meiner Großeltern Johann und Theres Spies in Eilsbrunn um 1913.

Der Deutsche Soldatenfriedhof 1914-1918 in Langemark in Belgien.

Gedenkstein in Langemark mit der Aufschrift: „Auf diesem Friedhof ruhen 44.061 deutsche Soldaten des Krieges 1914/18."

An den Kriegstod meines Großvaters erinnert die Aufschrift in Langemark:
„Spies Johann Landsturmmann".

2. Tatmotiv und Tatvorsatz

Geschichte – mein Lieblingsfach

Herrschergestalten von Karl dem Großen bis Bismarck, deren Erfolge, Siege und Heldentaten, bestimmten weitgehend den Unterrichtsplan meiner Schulzeit. Diese endete nach acht Jahren 1955. Das Ergebnis für mich als Vierzehnjährigen war eine deutsch-nationale Gesinnung, die mich sicherlich für die Hitlerjugend „qualifiziert" hätte. Demokratie und Menschenrechte waren kein Thema. Ebenfalls nicht die beiden Kriege, die von deutschem Boden ausgingen und die Welt in die Katastrophe stürzten.

Erschreckend für mich, aber zugleich auch Motivation für mein verstärktes Interesse an Geschichte, waren Kriegerdenkmale. Ja, ich sehe sie zunehmend als Mahnmale, aber verbunden mit der Frage: Wie konnte es dazu kommen, dass weltweit diese zwei Kriege mindestens 65 Millionen Tote verursachten und vermutlich ebenso viele physische und psychische Invaliden? Hat man meiner Generation diese Bilanz deswegen vorenthalten, weil die Lehrkräfte sich als direkte oder indirekte Mitverursacher fühlten?

Die Ursache liegt meines Erachtens weit zurück, denn schon vom ausgehenden Mittelalter bis in die Hälfte des 20. Jahrhunderts galten demokratische Bestrebungen auf deutschem Boden als suspekt und fremdartig. Hingegen verstärkte sich die Militarisierung der Gesellschaft zunehmend, was den Stellenwert des Militärs gegenüber dem zivilen Bereich erhöhte. Der deutsche Boden war ein unfruchtbarer für das Wachstum der Demokratie. Ich nenne hierzu zwei Beispiele:

„Der große Fehler in der deutschen Geschichte ist, dass der Bauernkrieg nicht durchgedrungen ist." Dies beklagte 1843 die weltweit anerkannte wissenschaftliche Koryphäe Alexander von Humboldt – also 318 Jahre nach dem Kampf gegen die brutale Unterdrückung und für Freiheit. Die Reaktion der weltlichen und kirchlichen Herrscher war, die Aktion niederzuschlagen. Das Ergebnis waren mehr als 130.000 tote Bauern. Zwei unvergessliche Künstler, Albrecht Dürer und Tilman Riemenschneider, solidarisierten sich mit den Bauern.

Das zweite Beispiel bezieht sich auf das erste frei gewählte Parlament vom 18. Mai 1848. Dieses verabschiedete freiheitliche Grundrechte und am 28. März 1849 eine Verfassung. Sowohl dieses Vorgehen als auch das Ziel, einen deutschen Einheitsstaat zu bilden, wurde vom Preußenkönig toleriert, denn er versprach: „Preußen geht in Deutschland auf." Dies war allerdings Lug und Trug des Königs von „Gottes Gnaden", denn am 3. April 1849 bot ihm eine Delegation des Frankfurter Paulskirchen-Parlaments ehrfürchtig die Kaiserkrone an. Der Herrscher machte den Delegierten allerdings unmissverständlich klar, dass nicht die Volksvertreter dies tun können, sondern nur „seinesgleichen" – die Fürsten. Von dieser demütigenden Reaktion waren die vom Volk gewählten Mandatsträger bitter enttäuscht.

Mit diesem Ereignis begann die gewaltsame Auflösung des Parlamentarismus von 1848/49. Das Ergebnis dieser Brutalität – unter der Leitung des preußischen Militärs – war der Kahlschlag der demokratischen Bewegung, denn allein in Baden verließen aus politischer Hoffnungslosigkeit und unter Lebensgefahr mehr als 80.000 Bürger das Land. Viele von ihnen machten als Ausländer in den demokratischen Ländern, vor allem in der Schweiz, berufliche, aber auch politische Karriere. Ein herausragendes Beispiel ist Carl Schurz, der von 1869 bis 1875 Senator von Missouri war und von 1877 bis 1881 Innenminister der USA.

*Soweit meine geschichtliche Vorbemerkung und zugleich Über-
leitung zu dem Thema, das mich aus vielfältigen Gründen bewegt –
nicht nur als Urkatastrophe des 20. Jahrhunderts, die für viele Menschen weltweit negative Folgen hatte. Für meine Familie und für
mich hat der Erste Weltkrieg eine ganz menschliche und persön-
liche Bedeutung mit schwerwiegender Auswirkung. Deshalb war
ich bestrebt, dass dieses Buch noch im 100. Todesjahr meines Großvaters erscheint.*

Wann wurde Deutschland geboren?

Der Geburtsstunde des Deutschen Reiches lag das Begehren der Herrscher zugrunde, das antike Römische Imperium fortzuführen und als
dessen Nachfolger zu gelten. Durch das Wort „Heilig" wurde verdeutlicht, dass die Herrschaft durch die Gnade Gottes gewollt sei. Die
Bewohner waren Nachfolger von Germanen und Kelten, im Westen
auch von römischen Siedlern und im Osten von westslawischen Stäm-
men. Erst im späten 15 Jahrhundert erhielt das Reich den Zusatz „deutscher Nation".
Die offizielle Gründung dieses Reichsverbundes mit seinen vielfältigen Völkern, Kulturen und Sprachen erfolgte 962 unter Otto I. Dieser
Verbund beinhaltete im Laufe der Zeit mehr als über 200 selbständige
Staatsgebilde wie: Abteien, Königreiche, Fürstentümer, Grafschaften,
Hochstifte, Erzstifte, Freigrafschaften, Großfürstentümer, Landgraf-
schaften, Markgrafschaften, Propsteien, Herzogtümer u.a. Die jewei-
ligen Herrscher kamen sowohl aus dem weltlichen als auch aus dem
kirchlichen Bereich. Sie herrschten unumschränkt, willkürlich, nach
ihrem persönlichen Empfinden, wie es die Bauernaufstände und -krie-
ge im 15. und 16. Jahrhundert bewiesen. Es war der erste große Kampf
gegen Ausbeutung und Unterdrückung und für Freiheit und Gerechtig-

keit; ihm fielen etwa 130.000 Bauern zum Opfer. Das „Heilige Reich" hat sich hiermit erstmals „versündigt".

Eine Schrecklichkeit, die das vorhergehende deutsche Blutvergießen übertraf, war der europäische „Dreißigjährige Krieg" (1618–48), auch Religionskrieg genannt. Dieser aber hat vor allem die deutschen Länder belastet. Der letzte Kaiser des Heiligen Römischen Reiches deutscher Nation kam, wie viele vor ihm, aus dem Hause Habsburg: Joseph II. wurde 1764 in Frankfurt a.M. zum König und 1765 zum Kaiser gewählt. 1780 trat er auch die Nachfolge seiner Mutter, Kaiserin Maria Theresia von Österreich, an. Zu dieser hatte er wegen seiner Zuneigung zu den Philosophen der Aufklärung, vor allem zu Immanuel Kant, ein getrübtes Verhältnis. Während seiner Regierungszeit schränkte er das absolute Machtmonopol der katholischen Kirche ein und zugleich erhielten die Nichtkatholiken die gleichen bürgerlichen Rechte wie die Katholiken. Mit dieser fortschrittlichen Maßnahme konnte er Österreich dienen, aber nicht dem „Heiligen Römischen Reich deutscher Nation". Dort ist der Kaiser nur eine Symbolfigur und ein Repräsentant für das eigene Prestige.

Nach 844 Jahren seines Bestehens ist dieses Reich und mit ihm sein Kaiser 1806 eliminiert worden. Verändert hat sich während dieser Zeit nur die Gesamtfläche und die Zahl der Bewohner: war das Gebiet bei der Gründung im Jahr 962 noch 780.000 Quadratkilometer groß und mit 5.000.000 Menschen besiedelt, waren es 1806 – bedingt durch den Dreißigjährigen Krieg, wo sich einige Länder von dem Reich lösten – 565.000 Quadratkilometer und 25.000.000 Menschen.

Dem „Heiligen Römischen Reich deutscher Nation" folgt der „Deutsche Bund"

Nach der Kriegserklärung Preußens an Frankreich und der katastrophalen Niederlage des Preußenkönigs Friedrich Wilhelm III. folgte ein

22

Friedensdiktat von Napoleon, das einer Demütigung ähnelte. Daraus resultierte für die Zukunft Hoffnungs- und Perspektivlosigkeit. Diese Situation nahm eine kleine Gruppe aus dem Adel zum Anlass, sich für eine Reform des rückständigen Systems der Gesellschaft zu engagieren. Während der Feudalismus in England und Frankreich beseitigt war, stand er im Königreich Preußen in voller Blüte. Die Rittergutsbesitzer und Junker waren auf ihren Gütern gleichzeitig Arbeitgeber, Polizisten und Richter. Ihre Untertanen hatten nahezu den Status von Sklaven.

Karl August Freiherr von Hardenberg, der mit Karl Freiherr vom Stein und Wilhelm von Humboldt zu den Reformern zählte, empfahl seinem Herrscher eine „Revolution im guten Sinne". Im Übrigen hat der große Feldherr Napoleon nicht nur deutsche Länder militärisch beherrscht, sondern auch Freiheiten installiert. So im neu geschaffenen Königreich Westfalen, wo er 1807 den „Code Civil", ein bürgerliches Gesetzbuch nach dem Gleichheitsprinzip, einführte. Das bewirkte bei einer Vielzahl deutscher Dichter und Denker, aber auch beim Volk, große Sympathie.

Mit der Planung des größenwahnsinnigen Russland-Feldzuges Napoleons erhoben sich viele Patrioten Preußens, vor allem führende Militärs, gegen die Fremdherrschaft des Franzosen-Kaisers. Seltsamerweise bezogen der preußische König und sein leitender Minister Hardenberg die gegensätzliche Position. Das hatte zur Folge – nachdem die Militärreformer Scharnhorst und Gneisenau schon frühzeitig für die Erhebung waren – dass viele Offiziere in den Dienst Russlands und Englands traten. Das Ergebnis war für Napoleon ein Desaster, was zu seinem politischen Ende führte und den Wiener Kongress zur Folge hatte. Neben den lustvollen Ballnächten wurde auf dem Wiener Kongress Europa neu organisiert: Eine Vielzahl der deutschen Patrioten und Freiheitskämpfer hofften auf eine deutsche Einheit mit Freiheiten. Die Enttäuschung war weitgehend groß, vor allem bei denen, die ihre Priorität in der Freiheit sahen. So der Freiburger Professor Karl von

Rotteck, der meinte: „Lieber Freiheit ohne Einheit als Einheit ohne Freiheit." Es wurden zwar die Unmengen deutscher Kleinstaaten von der Landkarte getilgt, es blieben aber noch 39, darunter vier Freie Städte, bestehen. Die Klammer, die diese Anzahl zusammenhalten sollte, hieß Deutscher Bund; beherrscht wurde dieser durch Österreich und Preußen.

Die napoleonische Fremdherrschaft wurde zwar abgeschüttelt, selbst Preußen und zu guter Letzt auch Bayern stellten sich in der Endphase gegen Napoleon. Die Einheits- und Freiheitsliebenden, denen man die Erfüllung ihres Verlangens in Aussicht gestellt hatte, wurden weitgehend betrogen. Die Herrscher von „Gottes Gnaden", darunter auch der Preußen-König, haben ihre Verfassungszusage nicht erfüllt. Ja, es wurde sogar im September 1815 zwischen den Monarchen Russlands, Österreichs und Preußens eine „Heilige Allianz" installiert, um nationale Einheiten und freiheitliche Bestrebungen zu bekämpfen. Praktiziert wurde dies bereits gegenüber dem Wartburgfest 1817, dem Hambacher Fest 1832 und mit der Niederschlagung der Aufstände 1849 in Wien durch Russland und in Baden durch Preußen.

Etappenweise Auflösung des Deutschen Bundes

Wegen des Konflikts um Schleswig-Holstein zwischen Dänemark und dem Deutschen Bund gewann Bismarck Österreich als Verbündeten, um gegen Dänemark 1864 Krieg zu führen. Das Ergebnis war ein Sieg der Supermächte des Deutschen Bundes. Wegen der Kriegsbeute provozierte der preußische Ministerpräsident Bismarck 1866 den Krieg, der als Deutsch-Deutscher Krieg und somit als Bruderkrieg in die Geschichte einging. Bismarcks langjähriges Ziel, Preußen als allein herrschende Macht im Bund zu etablieren, war mit dem überraschenden Sieg erreicht. Es war aber nicht nur eine Niederlage für Österreich, sondern auch für dessen überwiegend süddeutsche Verbündete, darunter auch Bayern. Die schreckliche Bilanz des etwa siebenwöchigen Krieges, 13.068 Tote und 7.574 Verwundete, ist auch ein Beweis für ein verantwortungsloses deutsch-deutsches Machtspiel. Damit endete inoffiziell der Deutsche Bund von 1815. Offiziell war das Ende mit dem militärischen Sieg über Frankreich und der daraus resultierenden Gründung des Deutschen Reiches am 18. Januar 1871.

Diese Geburt des Deutschen Reiches fand bekanntlich in Versailles, dem „Heiligtum" der Franzosen, statt, was einer zusätzlichen Demütigung Frankreichs nach dem verlorenen Krieg und dem Friedensdiktat gleichkam. Teilnehmer an dieser Zeremonie waren, in Vertretung des Bayernkönigs Ludwig II., dessen Onkel Luitpold und Ludwigs Bruder Prinz Otto, der notgedrungen auch aktiv am Sieg gegen Frankreich beteiligt gewesen war. Notgedrungen deshalb, weil die siegreichen Preußen im deutsch-deutschen Krieg den Verlierern im Friedensvertrag auferlegt hatten, bei zukünftigen kriegerischen Auseinandersetzungen Preußen militärisch zu unterstützen. Otto schilderte seinem Bruder in einem Brief am 2. Februar 1871 seine Eindrücke über das Ereignis in Versailles: „Ach Ludwig ich kann Dir gar nicht beschreiben, wie unendlich weh und schmerzlich es mir während dieser Zeremonie zumute war, wie sich jede Phase in meinem Innern sträubte und empörte gegen all das, was ich ansah (…) Welchen wehmütigen Eindruck machte es mir unsere Bayern sich da vor dem Kaiser neigen zu sehen (…) Alles so kalt, so stolz, so glänzend, so prunkend und großtuerisch und herzlos und leer."

Nun begann in diesem Reich die kontinuierliche Militarisierung der Gesellschaft, die in den Ersten Weltkrieg führte. Mit ihr schwand das gute Image „Deutschland – Land der Dichter und Denker".

Deutschland – der späte, aber folgenschwere National-staat in Europa

Mit dem „Status quo" hat man ab den zwanziger Jahren des 19. Jahrhundert in Europa friedlich gelebt. Deutschlands Nachbarn waren seit vielen Generationen Nationalstaaten. Die Ausnahme war Italien, aber auch der Deutsche Bund mit seinen mehr als 30 autonomen Einzelstaaten, die sowohl unterschiedliche Herrscher als auch entsprechend viele Verfassungen hatten. Mit der bürgerlichen Revolution von 1848/49 wurde zum ersten Mal das Ziel verfolgt, aus dem Deutschen Bund auf der Basis von Einheit und Freiheit ein Deutsches Reich zu etablieren. Es entstand ein frei gewähltes Parlament mit Sitz in der Frankfurter Paulskirche, das auch eine Verfassung beschloss. Dieses Parlament war von kurzer Dauer; denn das preußische Militär stürzte es und verfolgte die Demokraten.

Sodann begann die Phase der Kriege, 1864 der Deutsch-Dänische Krieg, 1866 der deutsche Bruderkrieg, in dem Österreich, Sachsen und süddeutsche Länder gegen Preußen und die norddeutschen Staaten kämpften. Siegreich ging aus diesem etwa sieben Wochen dauernden Krieg Preußen hervor, das ab diesem Zeitpunkt Deutschland beherrschte. Etwa 50.000 deutsche Menschen wurden getötet und erlitten körperliche und psychische Schädigungen. 1870–1871 folgte der Deutsch-Französische Krieg. Mit dem deutschen Sieg schlug die Geburtsstunde des Deutschen Reiches, das man auch als Preußen-Deutschland bezeichnete. Nun begann auch die Militarisierung der Gesellschaft mit weitreichenden Folgen.

Otto von Bismarck, der erfolgreiche Stratege der Reichsgründung, gab nunmehr die Parole aus: „Deutschland ist saturiert." Seine Politik zeichnete sich durch friedenssichernde Maßnahmen im Reich, durch den Rückversicherungsvertrag mit Russland, aber auch friedensvermittelnde Aktionen innerhalb Europas aus und brachte ihm Anerkennung und diplomatische Glaubwürdigkeit ein. Dies änderte sich, als er durch den physisch und psychisch kranken und zum Größenwahn neigenden Kaiser Wilhelm II. im Jahre 1890 entlassen wurde. Jetzt hieß die Devise: „Am deutschen Wesen soll die Welt genesen." Diese Zielsetzung sollte sich 15 Jahre später noch als steigerungsfähig erweisen, als propagiert wurde: „...denn heute gehört uns Deutschland und morgen die ganze Welt". Ein österreichischer Postkarten-Maler und Kriegsteilnehmer war, mit seinem nicht unbedeutenden Anhang aus dem preußischen Militär und der Wirtschaft, Urheber dieses Programms, das letztendlich, durch demokratische Wahlen herbeigeführt, zum Krieg führte. Wie instabil die demokratische Basis durch die Justiz in Deutschland war, zeigte der Hitler-Putsch von 1923 mit mehreren Toten. Der Anführer erhielt acht Monate „Sanatoriumsaufenthalt" in Landsberg am Lech und arbeitete dort an seiner Hetzschrift „Mein Kampf". Zehn Jahre später wurde er – demokratisch legitimiert – Reichskanzler.

Zwei Propheten ahnten Schlimmes

Karl vom und zum Stein, ein Nichtpreuße als Reformer der preußischen Verwaltung Anfang des 19. Jahrhunderts, hatte lange vor 1866 sich als Prophet erwiesen, indem er sagte: „Die preußische Politik wird Deutschland zur Schmach gereichen und Europa ins Unglück stürzen." Heinrich Heine, ein kritischer Geist seiner Zeit, beobachtete mit Argwohn die Tendenz zum Nationalismus in Europa, im Gegensatz zur demokratisch-republikanischen Staatsform. Heine befürchtete vor allem „eine zerstörende Macht" in einem vereinten deutschen Nationalismus, der 15 Jahre nach seinem Tod entstand.

Die Stimmungslage vor Kriegsbeginn

Deutschlands Position Anfang des 20. Jahrhunderts war herausragend. Das galt in vielfältigen Bereichen wie Wirtschaft, Technik, Industrie, aber auch in Kultur und Wissenschaft. Als objektiver Beweis gilt die Vielzahl deutscher Nobelpreisträger. Es könnte diese Dominanz auch den Drang von der Großmacht zur Weltmacht bei den Kriegstreibern „rechtfertigen" – nach dem Motto des Kaisers „Am deutschen Wesen soll die Welt genesen." Der amerikanische Historiker Henry Adams, der sich häufig in Europa aufhielt, äußerte sich 1897 aus Paris sinngemäß: „Das Zentrum der Weltbewegung liegt nach meiner Auffassung nicht in Russland und nicht bei uns, sondern in Deutschland." Er verwies auf „das große Störungselement" seit den 1860er-Jahren und meinte, „solange seine expansive Kraft nicht erschöpft ist, gibt es keine Ruhe, weder politisch noch wirtschaftlich". Vier Jahre später stellte er aus Petersburg fest: „Deutschland ist ein Pulverfass, von hier aus gesehen. Alle seine Nachbarn zittern vor seiner Explosion, und früher oder später muss es explodieren."

„Gott strafe England und die Gottlosen"

„Gott strafe England und die Gottlosen." „Gott mit uns." An diesen Parolen berauschten sich die deutschen Kriegstreiber aus Militär, Politik und weiten Teilen der Gesellschaft, vor allem aber seitens der Wirtschaft und Industrie. Erstaunlich stark engagierte sich der Protestantismus, dessen Oberhaupt der preußische König und deutsche Kaiser Wilhelm II. war. Nur unbedeutend geringer war die Kriegsbegeisterung bei den Katholiken, obwohl deren Oberhaupt Benedikt XV., der ja die Funktion als Stellvertreter Christi auf Erden hatte, schon frühzeitig warnend in Erscheinung trat. Die „päpstliche Unfehlbarkeit", die 1870 zum Dogma erhoben wurde, fand bei seinen deutschen Würdenträgern offenbar kein Gehör. Nicht zu vergessen die Fürsten von „Gottes Gnaden", die ja in den deutschen Ländern des Reiches neben dem Kaiser politisch wirkten.

Nein, dieses Begehren der Deutschen war Gott des Luges und Truges zu viel. Nur weil sie glaubten, jetzt wäre die Zeit günstig um zu siegen und nach dem Sieg die Welt zu beherrschen. So brachten es jedenfalls die größenwahnsinnigen Kriegsziele, schon nach den ersten gewonnenen Schlachten, zum Ausdruck.

Die Situation im engen heimatlichen Bereich

Nun aber zurück, von den besorgniserregenden weltpolitischen Ereignissen in das sehr kleine, aber beschauliche Juradörfchen Eilsbrunn, nahe Regensburg, am Anfang des 20. Jahrhunderts. Klein- und kleinstbäuerliche Anwesen prägten weitgehend die soziale Struktur des Ortes. Herausragte das große landwirtschaftliche Gut mit mehreren hundert Tagwerk und Brauerei. Dieses Unternehmen war zugleich auch Brotgeber für einen Teil der Bewohner. Überwiegend reichten die Erträge der kleinbäuerlichen Landwirtschaft kaum für einen gesicherten Lebensunterhalt, was eine saisonbedingte Nebenbeschäftigung erforderte. So auch in meiner Familie mütterlicherseits, die in früherer Zeit durch Leinen-Weberei ihr Zubrot verdiente. Danach betätigte sich mein Großvater als Waldarbeiter. Diese harte, aber friedliche Zeit ging abrupt zu Ende, weil dem preußischen König und zugleich deutschem Kaiser seine Position als Großmacht zu klein war und er nach Höherem strebte. Dazu brauchte er eine Vielzahl von Millionen Soldaten, darunter auch meinen Großvater.

Die erste Lüge – oder auch Dummheit – bei der offiziellen Darstellung dieses Krieges seitens des Monarchen und seines Generalstabs bestand in der Terminmaßgabe für das Kriegsende. Es hieß: „Spätestens unter dem Weihnachtsbaum wird der Sieg gefeiert." Man erklärte Russland am 1. August und Frankreich am 3. August den Krieg und glaubte offenbar, dies würde ein „Spaziergang mit herzlichem Empfang" durch die betroffenen Länder. Selbst wenn der Krieg nur zwei Jahre gedauert hätte, wären Millionen Soldaten, darunter mein Großvater, am Leben geblieben. Er hätte dann wieder seine Felder bestellen und die Waldarbeit verrichten können – und vor allem hätten dann zwei seiner fünf Kinder ihren Vater bewusst kennen lernen dürfen.

Das Vorspiel zum Weltkrieg

Eine Rückblende in den Frühsommer 1866: Der preußische Ministerpräsident Bismarck erklärte Österreich den Krieg, um die Donau-Monarchie aus dem Deutschen Bund zu verdrängen. Nach etwa sieben Wochen, aber mit einer erschreckenden Zahl von Toten, vor allem bei den Südstaaten, ging dieser deutsch-deutsche Krieg zu Ende. Die Verlierer waren Österreich und die süddeutschen Verbündeten, darunter auch Bayern mit meinem Urgroßvater Cölestin Zierer. Das Ergebnis war eine Sensation, vor allem wegen der personellen Überlegenheit bei den Südstaaten. Die Friedensverhandlungen gestalteten sich teilweise problematisch wegen preußischer Zwistigkeiten. König Wilhelm und die Generäle wollten ihren Siegesrausch ausleben, in Wien einmarschieren sowie entsprechende Gebietsforderungen aushandeln. Bismarck hingegen dachte an eine zukünftige Strategie und wollte die Verlierer nicht demütigen. Auf Vermittlung des Kronprinzen konnte er sich durchsetzen.

Aus Feinden werden Verbündete

Inzwischen war durch den deutschen militärischen Erfolg über Frankreich der Deutsche Bund eliminiert und 1871 das Deutsche Reich gegründet worden. Aus dieser Situation heraus ergab sich eine neue Situation, die die Frage aufwarf: Findet sich Frankreich mit der Niederlage ab oder pocht es mittelfristig auf Revanche? Aus dieser Sicht ist das rücksichtsvolle Verhalten Bismarcks im Kontext mit dem Sieg von 1866 nachvollziehbar; denn so entstand ein positives Klima für den 1879 vereinbarten Zweibund zwischen Deutschland und Österreich-Ungarn. Zweifellos entsprach diese Partnerschaft auch den Interessen der Donaumonarchie, die ja aus einer Vielfalt gegensätzlicher und somit konfliktträchtiger Länder bestand.

Mit Italien zum konfliktreichen Dreibund

Am 20. Mai 1882 verpflichteten sich die drei Monarchen – der Kaiser von Deutschland und König von Preußen, der Kaiser von Österreich und König von Ungarn, sowie der König von Italien – zu einem gegenseitigen Schutzbund. Es wurde vereinbart: „Von dem Wunsche beseelt, die Sicherheiten des allgemeinen Friedens zu mehren, das monarchische Prinzip zu befestigen und dadurch die unversehrte Aufrechterhaltung der sozialen und politischen Ordnung in ihren Staaten zu sichern, sind [die drei Monarchen] übereingekommen, einen Vertrag zu schließen, der durch seine in seiner Wesensart konservative und defensive Grundrichtung nur das Ziel verfolgt, sie gegen die Gefahren zu sichern, die die Sicherheit ihrer Staaten und die Ruhe Europas bedrohen könnten." Als konkretes Beispiel aus der Vereinbarung sei hier deren Artikel II angeführt:

„Im Falle, wo Italien ohne unmittelbare Herausforderung seinerseits aus irgendeinem Grunde von Frankreich angegriffen werden sollte, sollen die beiden anderen Vertragsschließenden gehalten sein, der angegriffenen Partei mit allen ihren Kräften Hilfe und Beistand zu leisten. Diese gleiche Verpflichtung soll Italien im Falle eines nicht unmittelbar herausgeforderten Angriffs Frankreichs gegen Deutschland obliegen."

Dieses Bündnis sollte zunächst fünf Jahre gelten, wurde jedoch bis 1914 alle fünf Jahre verlängert. Soweit, so gut und – wie ich meine – beruhigend. Bismarck, unter dessen Kanzlerschaft die Vereinbarung geschlossen wurde, hatte gewisse Bedenken, da Italien von der Meerseite her angreifbar war. Aber auch wegen des dort eingeführten liberalen parlamentarischen Systems hatte er Vorbehalte. Das ist bei seiner antidemokratischen Biographie nachvollziehbar. Gewichtiger war ihm aber Italiens abneigende Haltung gegenüber Frankreich.

Zurück zum Dreibund, der ja als Verteidigungsbund zwischen Deutschland, Österreich-Ungarn und Italien geschlossen wurde. Bekanntlich hatte Deutschland am 1. August 1914 Russland den Krieg erklärt. Es folgte der deutsche Überfall auf das neutrale Belgien mit der gleichzeitigen Kriegserklärung am 3. August an Frankreich. Somit wurde nach meiner Auffassung der Dreibund durch Deutschland, aber schon vorweg durch Österreich-Ungarn gebrochen, das noch Ende Juli den Krieg in Serbien eröffnete. Mein Bestreben wird sein, den Titel meines Büchleins „Anklage wegen grob-fahrlässiger Tötung meines Großvaters durch das kaiserliche Deutschland" im Folgenden möglichst häufig zu begründen.

Brennpunkte und Konflikte im südosteuropäischen Raum

Eine konfuse Situation, die noch unmittelbar vor Kriegsbeginn zwischen Deutschland und Österreich-Ungarn herrschte, ließ Schlimmes ahnen. Die Annexion Bosniens und Herzegowinas 1908 durch Österreich-Ungarn, auch mit deutscher Hilfe, bedeutete für Russland eine diplomatische Niederlage. Das führte zum Balkanbund zwischen Serbien und Bulgarien, der unter der Schutzmacht Russlands stand. Daraus entwickelten sich 1912 und 1913 zwei Balkankriege mit unterschiedlichen Konstellationen und unmittelbar vor dem Ersten Weltkrieg. Der größte Verlierer dieser Auseinandersetzungen war die heutige Türkei, die große Gebiete an ihre europäischen Nachbarn abtreten musste. Und dieses Land ging 1915 eine Kriegsteilnahme zugunsten der Mittelmächte ein?

Noch im Oktober 1913 schien aus deutscher Sicht die Situation im Dreibund sehr optimistisch, auch für einen Präventivkrieg. Man bemühte sich, den Dreibund zu vergrößern und warb dafür. Die vorhandenen Kandidaten waren umstritten zwischen Österreich-Ungarn und Deutschland; sogar innerhalb der Doppelmonarchie traten Differenzen auf. Am schwersten wogen aber die Gegensätze zwischen Italien und Österreich. Triest war hier offenbar ein heißes Eisen. Deshalb bat der italienische Außenminister San Giuliano die deutsche Regierung um Vermittlung, was diese mit der Begründung ablehnte, sich nicht in die inneren Angelegenheiten der Partner einzumischen. Dies führte zu einem erneuten Konflikt in der Nationalitätsfrage und somit auch zu einer Krise des Dreibundes. Wie der deutsche Botschafter in Rom verdeutlichte, habe San Giuliano den Ausbau der italienisch-österreichischen Beziehungen als eine zentrale Aufgabe seiner Amtsführung gewertet, was durch die Wiener Politik in Frage gestellt werde.

Der österreichische Außenministers Berchtold versuchte den Schaden zu begrenzen. Aber trotz der zeitweiligen Beruhigung belastete die Nationalitätsfrage weiterhin die italienisch-österreichischen Beziehungen innerhalb des Dreibundes. Dies machte der italienische Botschafter in Wien, Herzog Avarna, deutlich. Er warnte davor, Italien fortgesetzt zu benachteiligen, weil dies zu schwerwiegenden Folgen führen könne. Auch der deutschen Seite wurde unmissverständlich klargemacht, dass sich bei weiteren Verletzungen des italienischen Nationalgefühls die öffentliche Meinung zu Ungunsten des Dreibundes auswirken werde, was wiederum auf die Regierung direkten Einfluss nehme.

Ein weiterer Konflikt entstand durch die Selbständigkeit Albaniens, das sich aus dem Osmanischen Reich löste. Dies wurde 1912 auf der Londoner Botschafterkonferenz abgesichert. Österreich-Ungarn und Italien übten Schutzmächtefunktion aus und wollten die Übergangslösung baldmöglichst beenden. Sie drängten auf die Thronbesetzung, gemäß dem deutschen Vorschlag, durch den Prinzen Wilhelm von Wied, einem nahen Verwandten der rumänischen Königin. Dieser machte seine Entscheidung von einer Anleihe von 75 Millionen Francs abhängig, die von allen Mächten garantiert werden sollte. Auch von deutscher Seite wurde Ablehnung signalisiert, angeblich aus verfassungsrechtlichen Bedenken, wie der Staatssekretär des Äußeren Jagow mitteilte. Die Bedenken des Kaisers waren sicherlich gewichtiger, denn er zweifelte an der Lebensfähigkeit Albaniens und hätte lieber größere Gebiete Griechenland zugeteilt. Ferner zweifelte er an der Tatkraft des Prinzen für diese Aufgabe. Letztendlich gaben Österreich und Italien eine Anleihe von 10 Millionen, die am 21. Februar 1914 zur Thronbesteigung des Prinzen von Wied führte.

Aus dieser Situation heraus entwickelte sich zwischen den beiden Schutzmächten in Durazzo eine erbitterte Auseinandersetzung, und dies kurz vor Kriegsbeginn. Beide waren darauf aus, durch Intrigen den überwiegenden Teil der Bevölkerung auf ihre Seite zu bringen, um den Einfluss der anderen Schutzmacht zu reduzieren. Nun ging es um den internen Machtkampf in Albanien. Essad Pascha, der Gegenspieler des Prinzen von Wied, wurde von dem italienischen Vertreter Aliotti favorisiert, während der österreichische Vertreter dem Prinzen zur Seite stand. Ein weiterer gravierender Beweis für die bevorstehende riskante Kriegspartnerschaft, dennoch wurde die Kriegsplanung beibehalten.

Rumänien oder Bulgarien? Die peinliche Position des österreichisch-ungarischen Thronfolgers

Die Kontroverse zwischen den zwei innigen Waffenbrüdern Deutschland und Österreich-Ungarn, die offenbar nur den Krieg im Auge hatten, setzte sich fort. Die Ursache war der Friede im zweiten Balkankrieg 1912. Deutschland begrüßte den Frieden von Bukarest. Der Kaiser sandte ein Glückwunsch-Telegramm an König Carlo und warb damit erneut um die Waffenbrüderschaft mit Rumänien, die ihm sogar eine finanzielle Hilfeleistung wert war. In Wien hingegen forderten der Außenminister Graf Berchtold und die militärische Elite eine Revision dieses Friedens zugunsten Bulgariens, in der Hoffnung, dass dieses Land dem Dreibund beitritt. Eine geradezu peinliche Position bezog der österreichisch-ungarische Thronfolger für seine Monarchie Ende August 1913, die völlig identisch war mit der des deutschen Kaisers. Auch er beglückwünschte den rumänischen König zu diesem Frieden, ja sogar mit der Anmerkung, dass in Bukarest die „Grundlagen des Friedens" auf dem Balkan gelegt seien.

„Franz Ferdinand lehnte die Bulgarien-freundliche Politik bis zu seinem Tode ab", so lautet ein Zitat aus Fritz Fischers Buch „Krieg der Illusionen". Franz Ferdinand bemühte sich massiv, die Ungarn zu einer entgegenkommenden Behandlung der Rumänen in Siebenbürgen zu bewegen, deshalb entsandte er auch Graf Czernin, einen Diplomaten aus seinem Freundeskreis, nach Bukarest. Dieser stellte dort fest, dass Rumänien im Kriegsfall nicht auf der Seite Österreich-Ungarn kämpfen würde, es sei denn, die Ungarn würden sofort und radikal die Benachteiligung ihrer rumänischen Landsleute in Siebenbürgen beenden. Der rumänische König Carlo äußerte im September 1913, dass ohne Eingreifen der deutschen Diplomatie seine Beziehungen zu Österreich-Ungarn völlig abgebrochen wären. Vor allem war es aus grundsätzlichen Erwägungen für die Rumänen nicht möglich, gemeinsam mit Bulgarien als Kriegspartner zu kämpfen.

Verwirrspiel der Westmächte um Bündnispartner

So ging eine hoffnungsvolle Verbindung zu Ende und das Verwirrspiel innerhalb der beiden Westmächte um eventuelle Bündnispartner wurde immer peinlicher. Ungarn, tragende Säule und wichtiger Bestandteil der Donaumonarchie, verursachte diese Situation, aus der sich in Rumänien eine antiösterreichische Protestbewegung mit dem Namen „Kulturliga" etablierte. Ihre Mitglieder waren überwiegend Studenten und Professoren der Universitäten. Diese sympathisierten mit Frankreich, aber auch mit Russland, und erhielten von dort vermutlich auch finanzielle Unterstützung. Letztendlich war das Wasser auf die Mühlen der gegnerischen Militärkoalition Russland und Frankreich.

Ein heißes Eisen zwischen den Dreibundmächten bildeten auch Griechenland und Serbien. Hier spielte wieder einmal Albanien eine bedeutende Rolle, denn im Süden dieses Landes war der Anteil der griechischen Bevölkerung sehr groß, was zu blutigen Ausschreitungen führte. Die Aufständischen wurden durch offizielle griechische Truppen unterstützt. Das neu gegründete Albanien hatte Österreich-Ungarn und Italien als Schutzmächte. Diese beiden forderten den Rückzug der griechischen Armee und ersuchten dafür auch um deutsche Unterstützung. Das Auswärtige Amt in Berlin behandelte diesen Fall eher passiv, um Griechenland für den Dreibund zu gewinnen. Der deutsche Kaiser hoffte, hierbei durch seinen Schwager, König Konstantin, erfolgreich zu sein.

Mehrere lokale Probleme im südosteuropäischen Raum und Kleinasien wurden verstärkt zu Fragen der europäischen Politik. Deutschland wollte es sich weder mit der Türkei noch mit Griechenland verderben und arbeitete deshalb auf eine griechisch-türkische Verständigung hin. Hinter dieser vermittelnden Verhandlungsweise stand die verständliche Absicht, Kriegspartner zu finden. Oft scheiterten solche Versuche wegen Animositäten aus der Vergangenheit. So konnten deutsche Vorschläge von österreichischer Seite kategorisch abgelehnt werden, aber auch umgekehrt. Ein Beispiel hierfür ist die Äußerung des Kaisers Franz Joseph gegenüber seinem Generalstabchef Conrad im Juni 1914: „Der deutsche Kaiser flirtet mit Griechenland, und am Ende wird sein, dass sich das Ganze gegen uns richtet." Die Ursache lag im Bukarester Frieden 1912. Damals hatten die Griechen Kavalla beansprucht und durch Kaiser Wilhelm auch bekommen. Österreich hingegen wollte diese Hafenstadt an der Ägäis Bulgarien zugesprochen wissen.

Streit um Serbien und den „Slawismus"

Der heftigste Streitpunkt zwischen den Hauptmächten des Westbündnisses war Serbien, eine Art slawischer Erbfeind, der aus den Balkankriegen gestärkt hervorgegangen war. Aber auch Österreich-Ungarn hatte Bosnien-Herzegowina 1908 mit deutscher Hilfe annektiert, obwohl es ein slawisches Land ist. Deutschland betrachtete Serbien in erster Linie unter dem Gesichtspunkt der aktuellen Kriegsgefahr und riet dem Partner zur Mäßigung und Entschärfung der Situation, ja sogar zu einer Verständigung und wirtschaftlichem Entgegenkommen. Die österreichische Politik setzte dieses Ansinnen mit einem absoluten Unverständnis für ihre Situation gleich.

Die deutsche Hartnäckigkeit gegenüber der Donaumonarchie verstärkte sich im Frühjahr 1914. Kaiser und Politiker empfahlen Österreich, ein Zollbündnis mit Serbien zu schließen und endlich eine Militärkonvention zu vereinbaren. Außerdem plädierten die Deutschen für einen Zusammenschluss von Rumänien, Griechenland und Serbien, zu dem auch noch die Türkei hinzutreten sollte. Von dem Besuch Wilhelms II. im März 1914 in Wien hatte man Positives erhofft. So zum Beispiel sollte Wilhelm den alten Kaiser Franz Joseph vor dessen Neffen und Thronfolger Franz Ferdinand warnen, der einen Ausgleich mit Russland innerhalb eines neuen Dreikaiserbundes anstrebte. Auch sollte er ihn vor den Gefahren des Slawismus warnen. Hier rannte man bei Wilhelm II. offene Türen ein; gegen die slawische Gefahr, so meinte er, sei die beste Gewähr, „wenn ein *germanisches* Österreich und ein *ungarisches* Ungarn die beiden festen Säulen der Donaumonarchie wären".

Die politische Situation innerhalb der Donaumonarchie

Eine besonders gegensätzliche Position zwischen dem deutschen Kaiser und dem österreichischen Thronfolger Franz Ferdinand bestand in der Person des ungarischen Ministerpräsidenten Tisza, der wegen seiner national-magyarischen Politik bereits Konflikte und Schäden angerichtet hatte. Während Wilhelm II. den Grafen Tisza als „überragende Persönlichkeit" bezeichnete, sah der österreichisch-ungarische Thronfolger seine Reformpläne durch Tisza durchkreuzt. Wäre er Kaiser, so Franz Ferdinand, würde er den ungarischen Ministerpräsidenten entlassen.

Enttäuscht war aber der deutsche Kaiser offenbar auch von dem greisen Kaiser Franz Joseph, der ganz von dem Wunsch beherrscht sei, „dass nur alles tunlichst friedlich bleiben möge".

Das Kernproblem lag in der sehr unterschiedlichen Einschätzung und Beurteilung der politischen Situation innerhalb der Donaumonarchie zwischen Ungarn und Österreich. Eine sehr realistische Analyse machte der deutsche Botschafter in Wien, Tschirschky, ein Insider sozusagen, am 22. Mai 1914, als er die Frage aufwarf: „Ob es wirklich noch lohnt, uns so fest an dieses in allen Fugen krachende Staatengebilde anzuschließen und die mühsame Arbeit weiterzuleisten, es mit fortzuschleppen?"

In Zusammenhang mit dem Kriegsbeginn verhärteten sich die Diskussionen und Überlegungen über die militärische Planung bzw. vorhandene Stärken der potentiellen Gegner, vor allem Russland. Auch interne Risiken hatte man im Auge. Da wurde vor der Annektierung Serbiens gewarnt, da die Monarchie schon zu viele Südslawen regiere.

Eine Schwächung der k. u. k. Armee befürchtete der Generalstabschef Conrad; wiederholt wies er auf diese Gefahr hin. Ursächlich hierfür sei die Tatsache, dass in Österreich-Ungarn zwei Drittel Slawen sind, die nicht mehr für Deutsche und Magyaren kämpfen würden. Der Mann war ein Prophet und Realist, denn ein Großteil der Menschen, die sich in der Vielvölkermonarchie unterdrückt fühlten, sprach auch von einem „Völkerkerker".

In Anbetracht der Erkenntnis des Generalstabschefs Conrad hätten die weiteren Kriegsplanungen besser unterbleiben sollen. Ich werte dies als einen weiteren Beweis für meine Anklage des deutschen Kaiserreiches auf grob-fahrlässige Tötung. Wie oben bereits erwähnt, gab auch der Rassist Wilhelm II. Österreich-Ungarn eine Empfehlung, wie der „slawischen Gefahr" beizukommen wäre. Er meinte, die beste Gewähr hierfür wäre ein germanisches Österreich und ein ungarisches Ungarn als feste Säulen in Österreich-Ungarn.

Der ungarische Ministerpräsident Graf Tisza, der vor allem durch seine nationalistische Politik im Vielvölker-Staatsgebilde für Konflikt sorgte, vertrat im Hinblick auf den Kriegsbeginn eine kluge Meinung, die leider keine Mehrheit fand. Er sprach sich nämlich gegen das Ultimatum Österreich-Ungarns an Serbien am 26. Juli 1914 aus und begründete dies mit der Weltkriegsgefahr. Tisza wies dem Außenminister Leopold von Berchtold und der deutschen Regierung im Herbst 1914 intern die Hauptschuld an der Eskalation zum Weltkrieg zu.

Es gibt somit keinen objektiveren Kronzeugen als den ungarischen Ministerpräsidenten, der ja bekanntlich eine bedeutende Position in der Donaumonarchie innehatte: Denn er erachtete den österreichischen Außenminister und die deutsche Regierung als die treibenden Kräfte für die Auslösung des Krieges.

Die Konfusion und Widersprüchlichkeit unter den zukünftigen Waffenbrüdern ging weiter und führte zu Peinlichkeiten, die bis unmittelbar vor Beginn des Krieges anhielten – der dann bekanntlich im Südosten Europas begann.

3. Die Anstifter und Kriegshetzer

Mobilisierung der Bevölkerung

Nach der Gründung des Reiches 1871, dem die drei Kriege von 1864, 1866 und 1870 vorausgegangen waren, prägte der eigentliche Reichsgründer und erste Kanzler Otto von Bismarck den Satz: „Deutschland ist saturiert." Damit machte er aller Welt deutlich, dass eine Friedensperiode bevorstehe. Dies war keine momentane Beruhigungspille, denn so lange Bismarck die politische Verantwortung trug, war die Friedenssicherung in Europa gewährleistet. Nach der Entlassung dieser politischen Autorität 1890, angeordnet durch den jungen, psychisch unstabilen Kaiser, ging diese stabile Phase dem Ende entgegen. Die Ursache hierfür waren aber nicht aggressive Nachbarstaaten, sondern vor allem preußische Militärstrategen und die einflussreiche Kriegsindustrie mit ihren politischen Entscheidungsträgern, vor allem im rechten Spektrum des Parlaments. Diese wiederum förderten die nationalistisch-patriotischen Verbände als ihre Sprachrohre in der Bevölkerung für eine imperialistische Politik, die zwangsläufig zu einer Irritation in Europa führte. Hierzu gehörten, wie im Folgenden gezeigt wird, Kriegervereine, Flottenvereine, Alldeutsche und andere.

Die Kriegervereine

Bismarck sah 1888 primär in den Kriegervereinen einen starken Block gegen staatsgefährliche Bestrebungen. Damals gab es davon in Deutschland etwa 10.000 Vereine, in denen nahezu 900.000 Mitglieder organisiert waren. Bis 1913 erhöhte sich diese Zahl auf fast 32.000 Vereine mit 2.900.000 Mitgliedern. Es gab keine Organisation im Deutschen Reich, die annähernd so stark war. Sie entwickelte sich in dieser Zeit als Kampforganisation mit Überwachungssystem – vor allem in Preußen – gegen alle Gruppierungen der Arbeiterbewegung, einschließlich deren Konsumvereine und Sportverbände. Selbst eine liberale Gesinnung war suspekt. Über diese Situation freute sich im Jahre 1913 die Deutsche Volkswirtschaftliche Korrespondenz, ein Glied des Zentralverbandes der Deutschen Industrie. Dass dieser Hilfsbereitschaft der angeblich unpolitischen Kriegervereine mit finanzieller Unterstützung gedankt wurde, ist nachvollziehbar. Soweit die innenpolitischen Aufgaben und Zielsetzungen der Kriegervereine.

Der Kriegerverein im Juradörfchen Eilsbrunn

Bedeutender und ursächlicher für den Verein sind die Ideologien, Militarismus und Nationalismus, die zwangsläufig auch das Fundament der Organisation sind. Die folgenschwere Entwicklung und Hektik ist rückblickend dadurch zu erklären, dass Deutschland – im Gegensatz zu den anderen europäischen Ländern (eine unbedeutende Ausnahme ist Italien), die seit Jahrhunderten einen gewachsenen Nationalstaat besitzen – diesen Status bekanntlich erst 1871 nach drei Kriegen erreicht hat. An zwei waren meine Urgroßväter Cölestin Zierer und Josef Spies beteiligt. So lässt sich die Gründungsgeschichte eines Kriegervereins in meinem heimatlichen Juradörfchen Eilsbrunn beispielhaft darstellen.

Der Regensburger Anzeiger meldete am 13. Februar 1907: „Am Sonntag den 10. Februar versammelten sich mehrere Veteranen und gediente Soldaten im Röhrlischen Bräuhause zu Eilsbrunn behufs Gründung eines Kriegervereins. Unter dem Vorsitze des Herrn Franz Oppel (Ehrenvorstands des Krieger-Stamm-Vereins Regensburg) vollzog sich die Gründung. Es meldeten sich 23 Mitglieder sofort, ebenso mehrere Ehrenmitglieder. Unter der Devise ‚In Treue fest, Mit Gott, für König und Vaterland‘ wurde der Verein als ‚Kriegerverein Eilsbrunn und Umgebung‘ gegründet. Weitere Anmeldungen zum Beitritt sind in Aussicht. Wir wünschen dem neugegründeten Vereine Blühen und Gedeihen." Soweit die Vereinsgründung in der Presse und damit die Bekanntgabe auch im großen Regensburger Umland.

Für mich als altes Eilsbrunner „Gwachs" ist diese Thematik von besonderem Interesse, und zwar aus familiärem Blickwinkel. Mein Urgroßvater Josef Spies war nämlich der 1. Gründungsvorstand und hätte heutzutage politisch mit seinem Urenkel vermutlich keine große Freude. Auf der Basis der Festschrift anlässlich des 80-jährigen Gründungsfestes gebe ich verkürzt den Ablauf der Gründungsversammlung wieder:

Der Schreinermeister Rieger als Einberufer der Versammlung hat den Teilnehmern seine Argumente für die Gründung dargelegt. Herr Franz Oppel, Privatier, Feldzugs-Soldat und herausragende militärische Persönlichkeit, leitete die Versammlung mit dem Wunsche, die Anwesenden möchten ihr Vorhaben in die Tat umsetzen. Die von ihm ausgearbeiteten Statuten wurden nach unwesentlichen Änderungen einstimmig angenommen. „Als erstes Ehrenmitglied meldete sich unser Pfarrvorstand Hochw. Herr Geistl. Rat Anton E. Mathes. Er schenkte dem Verein einen ansehnlichen Geldbetrag und gab zugleich das Versprechen zur Anschaffung einer Fahne 100 M beizusteuern. Hochw. Herr Cooperator Adalbert Schlemmer und Herr Brauerei-Besitzer Röhrl schlossen sich ebenfalls als Ehrenmitglieder an und machten dem Verein ein schönes Geldgeschenk."

Es ist erstaunlich und für meinen Urgroßvater vermutlich eine große Wertschätzung, dass er zum Vorsitzenden gewählt wurde – wo er doch „nur" ein Kleinstlandwirt war, der zusätzlich als Waldarbeiter schuftete, um seine Familie mit sieben Kindern zu ernähren. Die anderen Vorstandsmitglieder waren auf einer höheren sozialen Stufe, nämlich Schreinermeister, Werkmeister, Brauereibesitzerssohn und Poliermeister. Eine Referenz für die herausragende Position meines Urgroßvaters im Kriegerverein war sicherlich die Teilnahme am Krieg gegen Frankreich 1870/71. Pfarrer Andreas Stückler erinnerte noch 52

Jahre später bei der Beerdigung meines Urgroßvaters am 8. Januar 1922 etwas patriotisch: „Gar klein ist schon geworden die Schar derer, welche vor 52 Jahren ins Feld gezogen sind für Deutschlands Ruhm und Ehr zu kämpfen."

Im weiteren Verlauf seiner Grabpredigt machte der Pfarrer deutlich, wie verzweifelt Josef Spies als Vater über den Tod seines Sohnes Johann gelitten hat: „Als 1914 der große Krieg kam, musste auch Er seine Söhne ins Feld ziehen sehen, musste auch Er wieder zu Hause die fehlenden Kräfte ersetzen helfen. Er tat es mit Freuden als begeisterter Patriot und hoffte und wünschte nur dass sie alle wieder gesund zurück kehren. Leider hat sich seine Hoffnung nicht erfüllt. Gerade sein Ältester, sein Nachfolger auf dem Anwesen, sein Brotgeber starb den Heldentod. Und dieser Schlag hat ihn so ergriffen, dass er eine Zeit haderte mit dem Schicksal, weil Er nicht begreifen konnte, dass gerade Ihm der Sohn, seinen Enkelkindern der Vater entrissen wurde, während so viele andere frisch und gesund die Heimat wieder sehen durften. Dieser harte Schlag zehrte an seinem Lebensmark. Er kränkelte seit dieser Zeit. Und als vor 8 Tagen der Tod in Gestalt der eben herrschenden Krankheit an ihn herantrat, da hatte er ein leichtes Spiel …"

Hierzu meine Frage und Anmerkung: Mein Urgroßvater, der siegreiche Soldat von 1870/71, der „ins Feld zog zum Ruhme und zur Ehre Deutschlands", der vermutlich auch in geselliger Runde beim Kriegervereins-Stammtisch nach dem Krieg gegen Frankreich seine „soldatischen Erfolge" mitteilte: Ich hoffe, er hat zumindest gelegentlich auch an die 130.000 Toten dieses nur sieben Monate dauernden Krieges gedacht. In Anbetracht der rührenden, leidvollen Grabrede des Pfarrers sehe ich den Urgroßvater letztlich auch als ein indirektes Kriegsopfer, wegen seines langjährigen Grams über den Tod des Sohnes im Ersten Weltkrieg. Kriegsgeschädigt war aber auch meine Oma, zwar nicht körperlich, aber psychisch, denn sie hatte viel Arbeit mit ihrer kleinstbäuerlichen Landwirtschaft und den fünf kleinen Kindern. Das jüngste war meine Mutter mit sechs Monaten. Als meine Oma nach einer behördlichen Unterstützung nachfragte, war die Antwort: „Da bekommst Du so wenig, dass es sich nicht lohnt einen Bleistift in die Hand zu nehmen." Hingegen hat sich der Verantwortliche und oberste Kriegsherr Wilhelm II. mit 58 Waggons Inventar und millionenschwerer jährlicher finanzieller Unterstützung in das neutrale Holland abgesetzt.

Die Flottenvereine

Ende des 19. Jahrhundert eskalierten die innenpolitischen Spannungen im Reich. Seit der Reichsgründung waren die ostelbischen Großgrundbesitzer eine dominierende Gruppierung. Dies änderte sich dramatisch durch die Einfuhr billiger Lebensmittel. Zwischenzeitlich forderte das aufstrebende Bürgertum – vor allem die Industriellen, aber auch das große Heer der Arbeitnehmer – mehr politische Einflussnahme, da sich der Reichstag hauptsächlich auf die Kontrolle der Staatsausgaben beschränkte. Diese Situation verursachte zwangsläufig Konflikte im Parlament, denn es ging um das Grundsätzliche, und zwar um den Bestand der monarchistischen Verfassung. Die Alternative war eine konstitutionelle Lösung, die eine Beschränkung der Herrschergewalt durch das Parlament zur Folge hat und dem britischem System entspricht. Rechtskonservative Gruppen versuchten schon die Messer gegen Reichstag, Liberale und Sozialdemokraten zu wetzen. Ursache hierfür war indirekt der Flottenbau. Diesbezüglich wurde zwischen den Großagrariern und dem Bürgertum eine Lösung gefunden, die die Situation beruhigte: Durch die Zustimmung der Großagrarier zu den staatlichen Flottenrüstungsaufträgen konnten die Industriellen mit erheblichen Umsätzen rechnen. Als Gegenleistung unterstützte das Bürgertum die Großagrarier darin, neue Schutzzölle auf landwirtschaftliche Erzeugnisse zu erheben. Von der erwarteten Vollbeschäftigung und Lohnsteigerungen sollten auch die Arbeitnehmer profitieren. Dies führte zur Schwächung der Sozialdemokraten, deren langjährige Forderungen mithin als erfüllt galten. Somit wurde gleichzeitig die Sympathie für die Monarchie gestärkt.

> *Was führte zur verstärkten Flottenrüstung und was war ihr militärisches Ziel? Die Ursache liegt sicherlich in der Person Wilhelms II. begründet, der mit Großadmiral Alfred von Tirpitz einen leidenschaftlichen Gehilfen an seiner Seite fand. Für mich stellt sich die Frage, ob es Sinn macht, ein Land, das zu mehr als 80 Prozent ein Binnenland ist, als Seemacht auszubauen?*

Die Zielsetzung des Kaisers und seiner kriegshungrigen Adlaten spiegelt sich in der Parole wider, die sie gegen Ende des 19. Jahrhunderts ausgaben: „Deutschland muss Weltmacht werden." Auch in Deutschland gab es Politiker, Publizisten, aber auch Wirtschaftsmanager, die irritiert waren, vor allem aber das europäische Ausland. Galt doch das deutsche Reich bis dahin als ein beruhigender Faktor in der europäischen Politik, die durch Bismarck geschaffen wurde. Noch gegen Ende seines Daseins appellierte Bismarck: „Deutschland möge sich mit seiner Geltung als Landmacht begnügen."
Besonders traf es Großbritannien, die als Insel geborene Seemacht, mit der der Kontinent Europa hunderte von Jahren in Frieden lebte. Vor allem Deutschland stand darüber hinaus bis in die Gegenwart in engster monarchistischer Verwandtschaft mit dem britischen Königshaus.
Als Argument für die verstärkte Flottenrüstung wurden der Bevölkerung gegenüber eine wirkungsvolle Abschreckung Großbritanniens sowie bündnistaktische Überlegungen ins Feld geführt. In Wirklichkeit jedoch war die Gefahr eines Angriffs des Inselreiches auf

Deutschland geradezu absurd. Wären die Briten kriegslüstern gewesen, hätten sie 1890 das für sie strategische wichtige Helgoland, das seit 1807 britisch war, nicht an Deutschland abgegeben. Im Übrigen ist diese geographische Veränderung nicht, wie es weitgehend verbreitet wurde, durch den „Helgoland-Sansibar-Vertrag" zustande gekommen. Diese Tausch-Variante bezeichnet Dr. Burghard Vieweg als Unsinn, da Sansibar niemals eine deutsche Kolonie war. Vieweg konkretisierte: „In Wirklichkeit handelt es sich um den ‚Vertrag über Kolonien und Helgoland'. In ihm wurde der Tausch Helgolands im Rahmen von größeren Grenzregulierungen zwischen britischen und deutschen Kolonien in Afrika festgelegt." Wenn Großbritannien jemals die Absicht gehabt hätte, Deutschland anzugreifen, was von einflussreichen deutschen Kreisen behauptet wurde, wäre es eine strategische Dummheit gewesen, die unmittelbar vor der deutschen Haustür gelegene Insel Helgoland an Deutschland abzutreten.

Die Flottengesetze von 1898 und 1900

Die vom Reichstag verabschiedeten Flottengesetze von 1898 und 1900 waren die Basis für den Ausbau der Kaiserlichen Marine. Mit Hilfe dieser Gesetze, die offenbar sehr pauschal gefasst wurden, sollte der Ausbau einer schlagkräftigen deutschen Hochseeflotte gewährleistet werden und zwar unter größtmöglicher Umgehung des Parlaments. Diese Gesetze führten zwangsläufig zum deutsch-britischen Marine-Wettrüsten und waren unter anderem Auslöser des Ersten Weltkriegs. Eine interessante Auffassung der Flotten-Protagonisten stützte sich auf die Lehren Alfred Thayer Mahans, nach denen ein dynamischer Zusammenhang zwischen Seemacht und Weltmacht angenommen wurde: Hiernach sollte mit Hilfe der Flotte die koloniale Basis Deutschlands erweitert werden, da die vorhandene zu klein sei und das Reich „auf den Stand eines armen Ackerbaulandes" abzusinken drohe.

Meine Auffassung dazu: Wer mit der Flotte die koloniale Basis erweitern will, riskiert zwangsläufig einen Krieg. Außerdem: Wer die Gefahr sieht, dass ein hoch technisiertes Industrieland zum Ackerbauland absinken kann, der leidet nicht nur unter einem Minderwertigkeitskomplex, sondern auch unter Verfolgungswahn. Wer aber die Flotte braucht, um weitere Kolonien zu bekommen, ist ein vom Größenwahn infizierter Kriegstreiber.

Ein Binnenland soll Seemacht werden?

Mit der Berufung des Konteradmirals von Tirpitz zum Leiter des Reichsmarineamtes 1897 durch den Kaiser bekam das Unternehmen „Flottenrüstung" eine massive Schubkraft. Die deutsche Zielsetzung des Programms war: die Flotte müsse so groß sein, dass ein Kampf gegen sie die Seemachtstellung Großbritanniens erschüttere. Eine bedeutsame Einrichtung und Bestandteil des Reichsmarineamtes war das Nachrichtenbüro. Dieses Büro war nur für die Öffentlichkeitsarbeit zuständig und somit wichtiger Unterstützer des Deutschen Flottenvereins, der von konservativ-reaktionären Kräften geführt wurde. Hauptziel dieser Organisation war, den „Flottengedanken" der Bevölkerung zu vermitteln. Dafür waren sowohl aktive als auch ehemalige Marineoffiziere wichtige Multiplikatoren. Die Zuverlässigkeit des Vereins unterstrich der 1908 gewählte Vorsitzende Großadmiral von Köster bei seinem Antrittsbesuch im Reichsmarineamt sehr deutlich. Der Erfolg der Vereinsarbeit zeigte sich vor allem auch in der Mode. Wer kennt sie nicht, die Matrosenanzüge und -kleider bei den Kindern, die selbst noch in der Weimarer Republik als Statussymbol galten?
Der Flottenverein hatte den Status einer halbstaatlichen Organisation, was für die Mitgliederwerbung von großem Vorteil war. 1898 verfüg-

te die Organisation über 78.650 Mitglieder, zusätzlich kamen noch 64.400 Vereine, die dem Militärbereich zuzuordnen waren, aber auch Handelskammern und andere Verbände, die dem Flottenverein als korporative Mitglieder beigetreten sind, aber als ein Mitglied gewertet wurden. 1913 waren es bereits 1.125 Millionen Flottenvereinsmitglieder, darunter 790.000 Vereine als korporative Mitglieder. Diese gigantische militärische Bewegung sollte die Reichstagsabgeordneten von der Notwendigkeit überzeugen, der immer teurer werdenden Flottenrüstung zuzustimmen.

Der Flottenwahn führte in die Sackgasse

Ab dem Jahr 1908 schwanden Tirpitzs radikale Pläne zur Flottenrüstung: So zum Beispiel hielt er nicht mehr fest an der ursprünglich geforderten Stärke im Vergleich mit der britischen Flotte. Auch die Absicht, durch massive Rüstung die Briten zum Einlenken zu bringen, musste scheitern, denn die Rüstungsspirale trieb eher Deutschland in den Ruin als Großbritannien. Auch intern zerbrach die Koalition wegen der gigantischen Kosten. Nicht nur die wieder erstarkenden Sozialdemokraten, nein, auch die Großagrarier, der Reichskanzler, selbst der psychisch unstabile und eher dem Größenwahn zugeneigte Kaiser, konnten dieses finanzielle Abenteuer nicht länger verantworten. Der Flottenwahn hatte in die Sackgasse geführt. Die Folge daraus war die Verstärkung der Heeresrüstung.

Noch 1912 versuchte der britische Politiker, Rechtsanwalt und Philosoph Haldane, eher als Freund Deutschlands eingestuft, ein Flottenabkommen mit dem Reich auszuhandeln (bekannt als Haldane-Mission). Er verhandelte mit Kaiser Wilhelm II. und Alfred von Tirpitz. Die Bemühungen scheiterten an Tirpitz, der eine Neutralitätsgarantie Großbritanniens forderte. Dies klingt auf den ersten Eindruck nicht abwegig, hatte aber dennoch einen verhängnisvollen Haken:

Belgien, das 1839 eine selbständige Monarchie wurde, entschied sich für die absolute Neutralität. Wegen historischer und sprachlicher Verbindungen zum Nachbarland Frankreich vermutete man von dort eine Gefahr. Um die Sicherheit des neuen Staates zu gewährleisten und die Neutralität zu garantieren, standen die Schutzmächte Großbritannien, aber auch Preußen, das die dominierende Macht im Deutschen Bund war, zur Verfügung. Genau 66 Jahre später wurde von preußischen Militärstrategen ein Plan entwickelt, der die Schutzmachtverpflichtung ad absurdum führte, indem genau das Gegenteil praktiziert wurde. Der Namensgeber dieses Plans ist General Alfred von Schlieffen, Chef des Generalstabs von 1891 bis 1905. Der Erfinder erlebte die Realisierung seines völkerrechtswidrigen Planes nicht mehr, er starb 1913. Über die Auswirkungen des Schlieffen-Plans wird später berichtet.

Alldeutscher Verband

„Alle guten Dinge sind drei", lautet eine gut gemeinte Redewendung. Aber nein, nicht in diesem Fall – denn der Alldeutsche Verband ist die Keimzelle der NSDAP. Der Alldeutsche Verband war zwar keine Massenbewegung wie die Millionen Mitglieder starken Krieger-, Wehr- und Flottenvereine, aber er hatte wirtschaftlich bedeutsame und sehr einflussreiche Mitglieder. Der Verband entstand Ende des 19. Jahrhunderts und hatte kaum 50.000 Mitglieder, die aus dem Adel, aus der Finanz- und Wirtschaftselite sowie aus dem Kreis der Industriebarone und dem Bildungsbürgertum stammten. Einflussreiche Mitglieder waren unter anderen der Rechtsanwalt Heinrich Claß, der Krupp-Direktor und Presse-Monopolist Alfred Hugenberg, sowie der Berg- und Stahlwerk-Kapitän Emil Kirdorf; sie alle fanden sich schon sehr früh bei Hitler wieder.

Eine besonders radikale Erscheinung war Claß, nicht nur wegen seiner völkisch-antisemitischen Position und seiner Eroberungspläne; er sah sich vor allem als nationale Opposition. Dies machte er auf dem Verbandstag 1903 mit seiner Rede unter dem Titel „Bilanz des Neuen Kurses" deutlich. Damit provozierte er nicht nur den Konflikt mit Reichskanzler Bernhard von Bülow, sondern auch mit Kaiser Wilhelm II., was ihn aber vorübergehend zum Außenseiter einstufte. Auffallend ist, dass die Alldeutschen, ähnlich wie ein großer Teil der Intellektuellen, sich zum Krieg als „schöpferische Lebenskraft" bekannten. Die absurdesten Forderungen der Alldeutschen entstanden vor und während des Ersten Weltkriegs – so sollten die Niederlande, die Schweiz und Belgien sowie die deutschbesiedelten Teile Österreich-Ungarns und Liechtenstein dem Deutschen Reich angegliedert werden. Außerdem wollten die Alldeutschen Teile Frankreichs unter deutsche Aufsicht gestellt wissen. Der „Kampf um Lebensraum" für Deutsche wurde schon von dem Gründungsmitglied der Alldeutschen, dem Geographen Friedrich Ratzel, ins Leben gerufen und von den Nazis übernommen.

Alldeutsche und NSDAP bildeten für zwei Generationen die Brutstätte menschenverachtender Politik. Mit der Machtübernahme der Nazis wurden alle nicht dem System entsprechenden Organisationen eliminiert. Dies galt nicht für die Alldeutschen. Sie erhielten wegen ihrer ideologischen Nähe zum System Duldungsrecht. Erst 1939 wurden auch sie durch Reinhard Heydrich mit der Begründung aufgelöst: Ihr Ziel, die „Vereinigung aller Deutschen in einem Großdeutschland", sei durch den nationalsozialistischen Staat erfüllt worden. Wenn das keine Auszeichnung ist von „hoher" Stelle!

Die christlichen Kirchen im Deutschen Reich – Auch sie wollten nichts wissen vom „Frieden auf Erden"

Die Situation der Kirchen im Deutschen Reich unter dem Reichsgründer Bismarck stellte sich wie folgt dar: In Preußen spielte nicht nur das Militär die erste Geige, sondern auch die protestantische Kirche. Die Ursache liegt in der Tradition und im System begründet, denn die Landeskirchen erachteten den Landesherren zugleich als obersten Bischof. Im Klartext heißt das, der preußische König, der zugleich deutscher Kaiser ist, ist auch das kirchliche Oberhaupt der Protestanten im Deutschen Reich ab 1871. Bismarck sah nun in „seinem Reich" die nationale Einheit des preußisch-protestantisch entwickelten Kaisertums bedroht. Seine Vermutung, dass es innere Feinde gebe, war nicht nur bei ihm vorhanden, sondern entsprach auch weitgehend der öffentlichen Meinung. Bismarck hatte dabei die katholische Kirche, mit etwas unter 40 Prozent Bevölkerungsanteil, im Visier. Suspekt an der katholischen Kirche war für Bismarck – der die Trennung von Kirche und Staat verfolgte – deren Papsthörigkeit und somit eine Einmischung Roms in die katholisch geprägte Zentrumspartei. Konkret belastete diese Partei das päpstliche Unfehlbarkeitsdogma der Glaubens- und Sittenlehre, was streng katholischen Maßnahmen entsprach und somit von den politischen Partnern Bismarcks, den Freikonservativen und Nationalliberalen, massiv bekämpft wurde.

Es gab eine Vielzahl von Maßnahmen, die aus heutiger Sicht nachvollziehbar sind, wie die Einführung der Zivilehe als allein gültige Form. Auch den Protestanten wurde die geistliche Aufsicht über die Schulen entzogen. Geistliche jeglicher Konfession, die in Ausübung ihres Amtes staatliche Angelegenheiten kommentierten, konnten mit einer Haftstrafe belegt werden. Kirchenaustritte wurden gesetzlich geregelt und erleichtert. Sicherlich verwerflich waren indes die teilweise drakonischen Strafen. Die ganze Aktion lief unter dem Begriff

„Kulturkampf". Mit Sicherheit hat die katholische Kirche durch diese gesetzlichen Maßnahmen am meisten gelitten, sie hatte aber mit großer Wahrscheinlichkeit die größeren Privilegien gehabt. Politisch war es für Bismarck ein Bumerang, vor allem auch, weil ihm der national-liberale Partner abhanden kam und er nun deshalb um das Zentrum warb. Außerdem war Papst Pius IX. gestorben, sein Nachfolger Leo XIII. signalisierte aber Gesprächsbereitschaft, was den Reichskanzler milde stimmte. So wurde 1880 das erste Milderungsgesetz verabschiedet, das das Ende des Kulturkampfs einleitete. 1882 und 1883 folgten das zweite und das dritte Milderungsgesetz, die beide weitere Restriktionen aufhoben.

Extrem gegensätzlich: die deutschen Kirchen und Papst Benedikt XV.

Sicherlich wird aus Sicht der Protestanten die Frage gestellt: was geht uns der Papst an? Wenn es aber um den „Frieden auf Erden" geht, sollten sich beide Kirchen angesprochen fühlen. Obwohl die Kirchen nicht generell als Kriegstreiber einzustufen sind, hat die protestantische Kirchenzeitung bereits 1911, im Kontext mit der Marokkokrise, die Möglichkeit für einen Kriegsbeginn gesehen und deshalb der Reichsregierung fehlenden Mut dazu vorgehalten. Ein Kriegsbeginn zu diesem Zeitpunkt wäre aber ein noch größeres Abenteuer gewesen, denn diesen Krieg hätte Deutschland alleine gegen Frankreich und Großbritannien führen müssen, da Österreich-Ungarn für diesen Waffengang nicht bereit gewesen war.

Es begann geradezu ein Wettbewerb zwischen Protestanten und Katholiken um den Titel des größeren Kriegspropagandisten. Startvorteile hierfür hatte die protestantische Kirche, deren Oberhaupt auch zugleich oberster Kriegsherr war, also Kaiser Wilhelm II. Aber die 37 Prozent Katholiken, die unter Bismarck noch Repressalien ertragen mussten und dem Vorwurf ausgesetzt waren, sie seien Rom-hörig, hörten trotzdem nur auf den Kaiser und nicht auf den Friedenspapst Benedikt XV.

Für beide Kirchen handelt es sich um einen „heiligen Krieg", für den sogar althergebrachte Kirchenliedertexte für Kriegspropaganda umformuliert wurden, wie zum Beispiel: „Ein' feste Burg ist unser Gott, / ein' gute Wehr und Waffen. / Er hilft uns frei aus aller Not, / die uns jetzt hat betroffen…". Es wurde aber auch an den milden Gott appelliert: „Gott soll den Soldaten vergeben, die vorbeigeschossen haben, denn der Krieg muß radikal, total mit der Vernichtung der Feinde enden."

Mir als katholischem Kind, Jahrgang 1941, wurde suggeriert, es sei sündhaft, eine protestantische Kirche zu betreten! Zu Kriegszeiten funktionierte offenbar die Ökumene doch sehr gut, das beweist erneut das folgende Beispiel: Der evangelische Lazarettpfarrer und spätere Theologieprofessor Paul Althaus meinte: „Wir stehen mit Gott in diesem Krieg als seine Diener, darum ist es ein heiliger." Der katholische Bischof und spätere Kardinal Michael von Faulhaber meinte: „Nach meiner Überzeugung wird dieser Feldzug (vermutlich meinte er den Krieg) in der Kriegsethik für uns das Schulbeispiel eines gerechten Krieges sein."

Auch der Kaiser und oberste Kriegsherr machte deutlich, wohin die „Reise" geht: „Drum auf! Zu den Waffen! Jedes Schwanken, jedes Zögern wäre Verrat am Vaterlande. Wir werden uns wehren bis zum letzten Hauch von Mann und Ross. Vorwärts mit Gott, der mit uns sein wird, wie er mit den Vätern war." Der Oberhofprediger Dryander trat in die Fußstapfen seines obersten Dienstherrn: „Wir ziehen in den Kampf für unsere Kultur – gegen die Unkultur. Für die deutsche Gesittung – gegen die Barbarei. Für die freie, an Gott gebundene Persönlichkeit – wider die Instinkte der ungeordneten Massen. Und Gott wird mit unseren gerechten Waffen sein."

Gott aber hatte offenbar die Nase voll von diesen frevelhaften Deutschen, mit ihrem leichtfertigen Kriegsbeginn sowie den größenwahnsinnigen Kriegszielen und dem daraus folgenden Massensterben. Nun änderte sich nicht nur die Tonlage der Predigten, sondern auch die Themen, denn sie wurden ja nun überwiegend in den Lazaretten und Friedhöfen gehalten. „Da kommt schon der Gedanke, dass ja nicht der in den Himmel kommt, der für Deutschland stirbt, sondern derjenige, der an Jesus glaubt."

Ein Dokument der Unterwürfigkeit

Ein unglaubliches, aber auch unverantwortliches Dokument der Unterwürfigkeit ist der Publikation „Akten Kardinal Michael von Faulhabers 1917–1945" (Überreichung der Feldpredigten) von Ludwig Volk, einem deutschen Jesuiten und Historiker, zu entnehmen:

„Faulhaber an Wilhelm II., München, 28. Juli 1917, Allerdurchlauchtigster, Großmächtigster Kaiser und König! Allergnädigster Kaiser und Herr! Euere Kaiserliche Majestät wollen geruhen, meine soeben erschienene Feldpredigtensammlung ‚Schwert des Geistes' und einen Wandervortrag ‚Das hohe Lied der Kriegsfürsorge' Allergnädigst entgegenzunehmen. Euere Majestät haben mich wiederholt, zuletzt an dem für mich unauslöschlich eindrucksvollen 19. Mai in Homburg, durch Allerhöchste Huld in so reichem Maße ausgezeichnet, dass ich mich jeder Gelegenheit freue, meiner treugehorsamsten Verehrung wie im ‚Schwert des Geistes' S. 362 ff. und im hohen Lied S. 47 öffentlichen Ausdruck zu verleihen. Die Liebe des deutschen Volkes muss Euerer Majestät seelisch hinüberhelfen über den unbegreiflichen teuflischen Hass, womit jede und jede, auch die edelste Tat Ew. Majestät im Ausland missdeutet wird. Meine gedruckten Feldpredigten sind nur ein schwacher Widerhall dessen, was das lebendige, vom persönlichen Feuer getragene Wort beim Feldgottesdienst die Fronten entlang mit Gottes Hilfe wirkt, vielleicht aber doch für die Geschichte des Krieges

ein klares Zeugnis dafür, dass auch die Seelsorge mit dem Schwert des Geistes, das ist mit dem Wort Gottes, das heilige Recht unseres treuen Vaterlandes zu verteidigen und die Seelen zum höchsten Kraftaufgebot zu wecken bemüht war. In tiefster Ehrfurcht Euerer Kaiserlichen Majestät, alleruntertänigst gehorsamste Michael von Faulhaber, Erzbischof von München, Feldpropst der bayerischen Armee."

Was war diesem 28. Juli 1917 vorausgegangen? Nach der Kriegserklärung Deutschlands an Frankreich am 3. August 1914 und dem vorherigen Überfall auf Luxemburg und Belgien gab es für einige Wochen einen deutschen Siegesrausch. Aber bereits nach dieser Zeit machte der verantwortliche Generalstabschef Moltke dem Kaiser deutlich: „Majestät, wir haben den Krieg verloren." Die Siegeschancen sanken mit der deutschen Entscheidung für einen uneingeschränkten U-Boot-Krieg am 1. Februar 1917 nahezu auf den Nullpunkt, denn das führte zum Kriegseintritt der USA. Dieses kriegsentscheidende Ereignis nahm offenbar der Erzbischof nicht zur Kenntnis. Statt dem Papst zu gehorchen, entschied er sich für hoffnungslose Durchhaltemethoden, wie sie auf zahlreichen Erinnerungsbildern der Gefallenen zu lesen waren: „Den Heldentod fürs Vaterland / Bist Teurer Du gestorben / Hast mutig Dir mit tapfrer Hand, den Himmelslohn erworben." Dieses Verhalten des deutschen Episkopats löste bei den französischen Amtsbrüdern eine heftige Reaktion aus: „Deutschland führt diesen Krieg auch als Vernichtungskampf gegen Katholizismus und Christentum." Nicht unerwähnt zu diesem Komplex darf „Die Bergpredigt" bleiben; trotz aller vielseitigen Interpretationen ist sie eine Herausforderung vor allem für die Christen. Leider wurde sie von den deutschen „Kirchenfürsten" nicht nur ignoriert, sondern zur Makulatur gemacht.

> *Eine Erinnerung meines Vaters als kleiner Schulbub:*
>
> *Selbst im Schulalltag in einem kleinen niederbayerischen Dorf wurde der Hindenburg-Mythos durch die gewonnenen Schlachten mit dem Glockengeläut der Pfarrkirche gefeiert. Im Anschluss wurde das Gedicht aufgesagt: „Lieber Vater Hindenburg, hau' die Russen tüchtig durch, dass wir keine Schul' mehr haben, dann bekommst Du Liebesgaben." Damit war der Schultag beendet.*

Papst Benedikt XV. – Friedenspapst mit Fug und Recht

Eine sehr detaillierte und engagierte Friedensnote, die eine gute Grundlage für Friedensgespräche gewesen war, ging von Papst Benedikt XV. am 1. August 1917 aus. In dieser Botschaft waren auch Maßnahmen enthalten, wie zukünftige Kriege zu verhindern wären, aber auch Vorschläge für Abrüstung und Rüstungskontrollen. Benedikts Friedensaktivitäten begannen aber, unmittelbar nach seiner Wahl am 3. September 1914, mit dem Rundschreiben *Ubi primem*. Und im Jahr 1915 wandte er sich verstärkt in seiner *Exhortatio* unmissverständlich an die kriegsführenden Staaten. Ein widersprüchliches Verhalten im Zusammenhang mit dem Krieg legten weitgehend die deutschen Kirchenfürsten gegenüber dem Papst an den Tag. Bereits 1870 wurde bekanntlich das Dogma der „Unfehlbarkeit" des Papstes verkündet. Für den deutschen Klerus hatte dieses Dogma offensichtlich keine Bedeutung.

Geistesgrößen und Künstler im Kriegsrausch

Lust auf Krieg ging auch weitgehend von einer Gruppe aus, von der man es, vor allem aus heutiger Sicht, kaum erwartet hätte – zumal sie in ihrer schöpferischen Tätigkeit nicht beeinträchtigt wurde: Die Rede ist von der Kriegsbegeisterung der Geistesgrößen und Künstler. Das „Deutsche Reich" ist durch den Sieg über Frankreich 1871 gegründet worden. Ein Krieg, der sieben Monate dauerte und mehr als 90.000 französischen und 42.000 deutschen Soldaten das Leben kostete, aber eine nahezu 44-jährige Friedensphase brachte. Der Ursprung für diese lange Friedensepoche lag in der Diplomatie Bismarcks, die man gelegentlich auch als raffiniert bezeichnen kann. Eine friedenssichernde Maßnahme war der Rückversicherungsvertrag von 1887, der als geheimes Neutralitätsabkommen zwischen dem Deutschen und dem Russischen Reich geschlossen wurde.

Eine Verlängerung der Vereinbarung 1890 lehnte Deutschland ab, obwohl es günstigere Bedingungen erhielt. Nach der Entlassung Bismarcks verfolgte der Kaiser das Konzept, wonach sich das Reich stärker durch eigene militärische Aufrüstung als durch Bündnisse schützen sollte. Diese Entscheidung trieb Russland in die Arme von Frankreich, was den Grundstein für einen Zweifrontenkrieg legte. Mit dem Ende von Bismarck endete auch die Diplomatie, und der Einfluss des Militärs wuchs bis zur inoffiziellen Militärdiktatur.

Wie konnten sich die Geistesgrößen von der Kriegsbegeisterung mitreißen lassen? Die Vorkriegsphase war in allen Lebensbereichen zufriedenstellend. Es gab weder eine revolutionäre Stimmung, noch eine Bedrohung von außen. Der Kultur und dem Geistesleben waren kaum Schranken gesetzt, mit Ausnahme der „Majestätsbeleidigung". Ein nicht nachvollziehbares Verhalten belegen die Argumente von einer Vielzahl der geistigen Elite Deutschlands, wie der Buchtitel „Die geistige Mobilmachung" von Kurt Flasch zum Ausdruck bringt. Selbst Nobelpreisträger und international anerkannte Koryphäen irritierten liberale friedfertige Menschen: „Krieg! Es war Reinigung, Befreiung, was wir empfanden und eine ungeheure Hoffnung." Ein Nationalökonom sah sich in einem Kreuzzug „im Dienste des Weltgeistes" und betätigte sich als Missionar: „Wir sind das vorbildliche Volk …Unsere

Ideen werden die Lebensziele der Menschheit bestimmen." Damit lag er auf der Wellenlänge des obersten Kriegsherrn Kaiser Wilhelm, der einige Jahre vorher die Devise ausgegeben hatte: „Und es wird am deutschen Wesen einmal noch die Welt genesen." Von einem Historiker wurde in den ersten Augusttagen „ein Akt der Erlösung" gesehen, eine „turmhoch aufgehäufte innere Verworrenheit". Für einen Religionswissenschaftler sollten „Geist und Scharfsinn der Intellektuellen den Heeressäulen der Nation voranziehen als ein Wahrzeichen deutscher Gesinnung". Der „deutsche Geist" und das „deutsche Militär" bildeten eine Einheit.

Es gab auch Meinungsträger gegen den Krieg

Es gab aber auch Antikriegs-Meinungsträger und solche, die ihren Irrtum und Rausch nach einigen Wochen einsahen und zum Teil Kriegsgegner wurden. Gustav Landauer zum Beispiel, Philosoph und Schriftsteller, Repräsentant des freiheitlichen Sozialismus, der in der Haft am 2. Mai 1919 in München von Freikorps-Soldaten (Hitler-Sympathisanten) ermordet wurde. Er hatte geurteilt: „Nichts, nicht einmal die Feldpost, habe in diesem Krieg so versagt wie die Intellektuellen."

Karl Kraus, ein exzentrischer, polemischer Kulturkritiker meinte sinngemäß: „Es könne nur eine einzige Tortur für das gesamte Dichter- und Literatenpack geben: Man müßte Satz für Satz abdrucken, was es damals zusammengeschmiert habe, teils aus benebelter Dummheit, teils aus der Spekulation, durch die Anpreisung fremden Heldentodes sich den eigenen zu ersparen." Es folgte sein Vorschlag, „die Kriegsliteraten nach Friedensschluß einzufangen und vor den Invaliden auszupeitschen".

Oskar Maria Graf, bayerischer Schriftsteller, wurde zum Kriegsdienst eingezogen. 1916 sollte Graf wegen Befehlsverweigerung abgeurteilt werden. Er wurde jedoch in eine Irrenanstalt eingewiesen und nach einem zehntägigen Hungerstreit aus dem Militärdienst entlassen. Zwei einfallsreiche und konsequente Künstler seien hier noch genannt: Hans Herzfeld wollte als Kriegsgegner 1915 keinen deutschen Namen mehr tragen und nannte sich fortan John Heartfield. Sein Freund Georg Ehrenfeld Groß tat es ihm im folgenden Jahr gleich und zog nunmehr als George Grosz gegen den Krieg sowie gegen den Nationalismus. Nach der Schlacht um Verdun verstärkte sich das Engagement der Kriegsgegner aus dem Bereich der Kunstschaffenden und Intellektuellen wie Hedwig Dohm, Heinrich Mann, Käthe Kollwitz und Heinrich Zille.

Man kann sagen: Wegen des Krieges fand im wahrsten Sinne des Wortes ein Bruderkrieg statt. Nach Erscheinen von Thomas Manns „Gedanken im Kriege" 1915, die von einer deutschnationalen Gesinnung zeugten, brach sein Bruder Heinrich den Kontakt zu ihm ab; Heinrich Mann sah sich als Linker in der Sozialdemokratie und lehnte die Teilnahme Deutschlands am Krieg ab. 1917 wurde auf Betreiben von Thomas' Ehefrau eine Annäherung versucht, doch erst 1922 gelang die Versöhnung.

Zwei herausragende Maler, die der Künstler-Gruppe „Blaue Reiter" zugehörten, Franz Marc und August Macke, meldeten sich frühzeitig als Kriegsfreiwillige. Macke wurde bereits im Herbst 1914 getötet, was bei seinem Freund Depression und Trauer auslöste. Marc starb am 4. März 1916 in der Nähe von Verdun. „Getötet" wurden später auch ihre Bilder – als „entartete Kunst" unter Hitler.

Hermann Hesse (1877–1962) war ein „Schwankender", meldete sich aber trotzdem zum Militärdienst. Wegen seiner extremen Kurzsichtigkeit wurde er für „felddienstuntauglich" erklärt, und so arbeitete er in der Kriegsgefangenenfürsorge. Auf Grund dieser Tätigkeit engagierte er sich gegen patriotische Kriegsdichtung, was ihm bei den rechtsstehenden Publizisten das Image eines „Vaterlandsverräters" einbrachte. Anfang 1915 stellte er fest: „Die Meinung, dass dieser Krieg etwas

Herrliches und sogar Heiliges sei, kann ich nicht teilen." Letztendlich verbrachte er ab 1919 den Rest seines Lebens im Tessin, nachdem er sich erfolgreich um die Schweizer Staatsbürgerschaft bemüht hatte. In zahlreichen Publikationen und Antworten auf Leserbriefe wandte er sich an die deutsche Jugend in der Hoffnung, Deutschland geistig zu erneuern, um einen weiteren Krieg zu verhindern. Was ihm bekanntlich nicht gelang, denn es folgte eine noch größere Katastrophe. Der deutsche Boden war offenbar keiner, auf dem Demokratie gedeihen konnte.

Auch der „Simplicissimus" verlor seine Unschuld

Mit dem Kriegsbeginn 1914 verlor auch der „Simplicissimus" seinen gesellschaftskritischen Nimbus und seine Unschuld. Mit der Gründung des satirischen Wochenjournals 1896 durch den Verleger Albert Langen begann sehr schnell eine positive Entwicklung, bedingt durch die künstlerische und literarische Ausgestaltung. Eine bedeutende Popularität erreichte die Publikation durch ihre Gesellschaftskritik mit den inhaltlichen Schwerpunkten Antiklerikalismus und Anti-Wilhelmismus, sowie seine spitze Feder gegen Spießertum und Preußendominanz, aber auch gegen Imperialismus und Militarismus. Der „Simplicissimus" war ein linksliberales und weltoffenes Organ, das mit dem herrschenden Gesetz in Konflikt kam. Zu den führenden Köpfen dieses Unternehmens zählte bis zum Kriegsbeginn auch Ludwig Thoma. Den Wandel des gesellschaftskritischen Satirejournals, hin zum patriotischen Taumel und Größenwahn, führte laut Hermann Sinsheimer, Chefredakteur von 1924 bis 1929, maßgeblich Ludwig Thoma mit seinen zunehmend reaktionären, hetzerischen Artikeln herbei.

Das Kriegerdenkmal in Eilsbrunn, den „gefallenen Heldensöhnen" gewidmet vom Kriegerverein und der „dankbaren Pfarrei".

Historische Ansicht des Dorfpanoramas von Eilsbrunn, dem Juradörfchen in der Nähe von Regensburg.

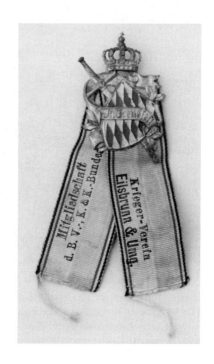

Anstecker für die Mitglieder des „Krieger-Vereins Eilsbrunn und Umgebung".

In Stein gemeißelte Kriegstreiberei auf einer Gedenktafel im Marienmünster in Diessen: „Den Gefallenen zum Gedächtnis, den Lebenden zur Anerkennung, den kommenden Geschlechtern zur Nacheiferung!"

„Gedächtniskirche" in Bayerisch-Eisenstein, 1908/09 errichtet für den Hohenzollern-Fürsten Leopold und der „Waffenbruderschaft Österreich's / 1909 / Deutschland's" geweiht! Dieser Kirchenbau macht deutlich, wie eng das Hohenzollern-Reich, Österreich-Ungarn und die Kirche schon frühzeitig mit der Kriegsplanung begonnen haben.

64

4. Die Vollstrecker

Die deutschen Kriegstreiber und -vollstrecker

Einen weiteren Hinweis auf den Drang nach Krieg lieferte, wie könnte es anders sein, der preußische General Friedrich von Bernhardi. Er veröffentlichte 1912 ein Buch mit dem Titel „Deutschland und der nächste Krieg"; bereits 1913 erschien es in der 6. Auflage und wurde ins Französische und Englische übersetzt. Die Kriegsgegner der Deutschen sahen darin einen unmissverständlichen Beweis für die deutsche Aggression. Es waren keine Massenauflagen, da die Zielgruppe Militärstrategen waren und das Anliegen des Buches von den Alldeutschen unterstützt wurde. Die Zukunft Deutschlands sah Bernhardi nur im Status als Weltmacht; die Alternative wäre der Niedergang Deutschlands. Er konkretisierte seine Ziele: 1. Niederwerfung Frankreichs, 2. Gründung eines mitteleuropäischen Staatenbundes unter deutscher Führung, 3. Gewinnung neuer Kolonien. Der Historiker Fritz Fischer, der sich in früherer Zeit in Konflikt mit einem Teil seiner Kollegen befand, die ihm jedoch präzise Recherchen bescheinigten, war der Auffassung, Bernhardis Zielsetzung habe mehrheitlich der herrschenden Elite in Deutschland entsprochen. So machten sich die deutschen Kriegsplaner und Durchführer des vierjährigen Sterbens 1914–18 ans Werk. Ihre Biographien seien im Folgenden kurz vorgestellt.

Alfred Graf von Schlieffen

Alfred Graf von Schlieffen (1833–1913), Sohn eines preußischen Majors, nahm 1866 als Hauptmann an der Schlacht bei Königgrätz teil, die entscheidend für den preußischen Sieg im deutschen Bruderkrieg war. 1870/71 war er Major im Deutsch-Französischen Krieg. 1884 wurde er Abteilungsleiter im Großen Generalstab. 1888 wurde er

zum Oberquartiermeister und somit als Stellvertreter des Generalstabschefs Alfred von Waldersee befördert. 1891 wurde Schlieffen
Nachfolger Waldersees an der Spitze des Stabes. 1903 folgte die Be-
förderung zum Generaloberst. Ein äußerst unrühmliches Verhalten
zeigte Graf von Schlieffen 1904, als er sich bei Kaiser Wilhelm II.
und Reichskanzler Bernhard von Bülow als Fürsprecher des Generals
Lothar von Trotha für dessen Völkermord an den Hereros in Afrika
verwendete. Was war geschehen? Dieser Volksstamm hatte sich nur
gegen die erbarmungslose Unterdrückung gewehrt, die die deutsche
Kolonialverwaltung ausübte. Nach Schätzung deutscher Missionare
ließ von Trotha 55.000 bis 60.000 Hereros vernichten. Die „Erfolgs-
meldung" nach Berlin lautete: „Die Hereros haben aufgehört ein selbständiger Volksstamm zu sein." Schlieffen war von 1891–1906 Chef
des Generalstabes, aber auch der bedeutendste Lehrmeister des deutschen Offizierskorps vor dem Ersten Weltkrieg. Bereits 1905 präsen-
tierte er seinen „Schlieffen-Plan", der unmissverständlich auf einen
Angriffskrieg ausgerichtet war. Das Scheitern seines Werkes erlebte er
nicht mehr, denn er starb am 4. Januar 1913. Kaiser Wilhelm II., sein
oberster Vorgesetzter, ehrte ihn mit einem Kranz.

Helmuth von Moltke

Helmuth Johannes Ludwig von Moltke (1848–1916) war der Neffe
des preußischen Generaloberst und Chefs des Großen Generalstabes
Helmuth Karl Bernhard Graf von Moltke (1800–1891), der im
Deutsch-Französischen-Krieg von 1870/71 als ruhmreicher Feldherr
hervorging und eine teilweise mystische Verehrung erfuhr. 1880 wurde
er Mitglied des Großen Generalstabes und 1882 Adjutant seines
Onkels, in dessen Schatten er stand. Von 1902 bis 1904 hatte er eine
Kommandeur-Position. Durch das enge Vertrauensverhältnis, das zwischen ihm und dem Kaiser bestand, wurde er 1906 Schlieffens Nach-

folger als Chef des Großen Generalstabes. Freude darüber kam bei ihm nicht auf. Bei einem Ausritt mit dem Reichskanzler von Bülow machte er diesem gegenüber deutlich, dass ihm für einen erfolgreichen Feldherrn das „Temperament zum Hasardieren" fehle. Der Reichskanzler versuchte daraufhin, den Kaiser von der Berufung Moltkes abzubringen, was ihm aber nicht gelang.

Befürchtungen über Moltkes Berufung durch den Kaiser häuften sich. Vor allem das Weltbild des Generalstabschefs entsprach nicht dem Ideal des preußischen Militärs. Die Tatsache, dass Moltke sich in Berlin ein Atelier angemietet hatte, um Cello zu spielen und zu malen, wäre vermutlich noch tolerierbar gewesen. Er kannte aber Rudolf Steiner und dessen Lehre, es sollen auch spirituelle Sitzungen in Moltkes Haus abgehalten worden sein, und das war suspekt. Mitarbeiter aus seinem Umfeld stellten bei ihm Nachgiebigkeit fest, ja sogar eine pazifistische Grundeinstellung. Moltke war nun anzumerken, dass er sich überfordert fühlte. Besonders hart attaktierte ihn Ludendorff, der seine Ernennung zum Generalstabschef als ein Verbrechen am Deutschen Heer und Volk erachtete. Dies ist die eine Seite der Medaille, die andere ist die des massiven Kriegsbefürworters. Bereits ab dem zweiten Halbjahr 1912 forderte Moltke mehrmals den Kriegsbeginn, mit der Parole: „Je früher, je besser." Er stand damit im Konflikt mit dem Reichskanzler, was zur Irritation mit dem Bündnispartner in Wien führte, dessen Außenminister Graf Berchtold fragte, wer in Deutschland regiere: „Moltke oder Bethmann?"

Der Generalstabschef war auch im Sommer 1914 der bedeutendste Verantwortliche, der den Krieg wollte. In einem heftigen Kompetenzstreit mit dem Reichskanzler machte er diesem deutlich, dass er das Recht habe, den Kriegsbeginn zu bestimmen. Derselbe Moltke, und das ist das Mysteriöse, brachte im November 1913 beim Besuch des belgischen Königs Albert in Berlin zum Ausdruck, dass ein Krieg unvermeidlich sei und dazu führen werde, dass Amerika gegenüber Europa einen uneinholbaren Vorsprung bekommt. Noch in der Endphase der Friedenszeit im Juli 1914 legte er dem Kanzler eine Beurteilung der politischen Lage vor. Demnach werde der Krieg „die gegenseitige Zerfleischung der europäischen Kulturstaaten" bringen und „die Kultur fast des gesamten Europa auf Jahrzehnte hinaus vernichten".

Spiegel online stellte dazu die Frage: „Selten war ein Kriegstreiber sich der Konsequenzen seines Tuns so bewusst und fasste dies auch noch in Worte – was nichts an der Entschiedenheit änderte, mit der Moltke seine Forderung wiederholte. Was brachte den als Zauderer eingeschätzten Militärführer dazu, sich so dafür einzusetzen, dass Deutschland den Krieg beginnen soll?" *Ich frage mich: Litt Moltke an extremer Schizophrenie?*

Für Moltke war der Krieg nach sechs Wochen als Generalstabschef zu Ende. In der Marneschlacht, die nach anfänglich erfolgreichem Verlauf zum Fiasko wurde, erlebte er sein Waterloo. Die Ursache war ein verhängnisvolles Kommunikationsproblem, sowohl in technischer als auch in menschlicher Hinsicht. Dies führte dazu, dass Moltke den Überblick über das Kriegsgeschehen verlor, was auch nicht verwunderlich war, da sein Hauptquartier im 300 Kilometer entfernten Luxemburg lag. Das führte dazu, dass er seinen Armeeführern die Entscheidungen überlassen musste, die er auch nachträglich akzeptierte. Er soll dem Kaiser mitgeteilt haben: „Majestät, wir haben den Krieg verloren." Er wurde auch mit dem Vorwurf konfrontiert, dass er Soldaten in den Osten schickte, als sie dort noch nicht gebraucht wurden, im Westen aber noch für den Angriff notwendig gewesen wären. Im Juni 1916 hielt er im Reichstag anlässlich des Todes von General Colmar von der Goltz die Trauerrede. Unmittelbar danach erlitt Moltke einen Schlaganfall, der kurz darauf zu seinem Tod führte.

Erich von Falkenhayn

Erich von Falkenhayn (1861–1922) war preußischer General und Kriegsminister. 1893 wurde er als Hauptmann in den Großen Generalstab aufgenommen. Er galt als sehr befähigter, klar überlegender Offizier mit frischem, dem Leben zugewandten Sinn. Für einige Jahre wurden ihm vielseitige Aufgaben im Fernen Osten übertragen. Während des Boxeraufstands und in der folgenden Besatzungszeit bewährte sich seine organisatorische und politische Begabung im Generalstab der Ostasiatischen Brigade. Er engagierte sich sehr intensiv bei den Beratungen der Wehrvorlagen und dem Ausbau der Heeresreform. Sein forsches, selbstbewusstes Auftreten machte ihn auch bei der kaiserlichen Familie beliebt, was dazu führte, dass er den preußischen Kriegsminister von Heeringen, der zuwenig von derlei Eigenschaften hatte, im Sommer 1913 ablöste.

Erstaunlich ist, dass Falkenhayn, noch vor seiner Ernennung zum Generalstabschef am 14. September 1914, die Kriegserklärung an Russland als verfrüht kritisiert hatte. Er forcierte Verdun als Angriffsziel für 1916 damit, dass nach einem Sieg über Frankreich die Schwächung des Landes so offensichtlich sein werde, dass die Aussichtslosigkeit des Weiterkämpfens auch dem Hauptfeind Großbritannien vor Augen geführt werde. Ein weiterer Plan existierte seit Januar 1916: der „uneingeschränkte U-Boot-Krieg". Er hatte das Ziel, die Westfront zu entlasten und England massiv zu gefährden. Zu diesem Zeitpunkt lehnten dies sowohl Reichskanzler Bethmann Hollweg als auch Kaiser Wilhelm II. ab.

Paul von Hindenburg und Erich Ludendorff

Paul von Hindenburg (1847–1934) und Erich Ludendorff (1865–1937) haben trotz des großen Altersunterschieds vor allem militärisch gemeinsam gewirkt. Wobei Hindenburg seine militärische Karriere bereits im deutsch-deutschen Bruderkrieg 1866 auf der Seite Preußens begann und 1911 in den Ruhestand trat. Ludendorff begann seinen steilen militärischen Aufstieg schon als 18-jähriger Offizier. Beide Generalstäbler kamen aus der Schule Schlieffens, der bekanntlich den völkerrechtswidrigen Überfall auf die neutralen Länder Luxemburg und Belgien 1905 geplant hatte. Dass er sein soldatisches Handwerk beherrschte, stellte Ludendorff in Belgien bei der Eroberung Lüttichs unter Beweis. Am 22. August wurde er Stabschef bei Hindenburg; er war an der erfolgreichen Schlacht bei Tannenberg und der Masuren-schlacht gegen die Russen beteiligt. Nach der Entlassung des General-stabschefs von Falkenhayn am 29. August 1916 übernahmen Hinden-burg und Ludendorff die Oberste Heeresleitung und trugen bis Kriegs-ende die militärische Verantwortung.

De facto konnte man nun von einer Militärdiktatur in Deutschland sprechen, da der Kaiser seine Autorität verloren hatte. Obwohl sich die militärische Lage durch die Kriegserklärung der USA am 6. April 1917, verursacht durch die deutsche Erklärung des uneingeschränkten U-Boot-Krieges, verschlechtert hat, forderten die beiden Militärs den-noch einen größenwahnsinnigen Siegfrieden. Erst am 29. September 1918, als alle Möglichkeiten auf einen Kompromissfrieden verspielt waren, forderten Hindenburg und Ludendorff die Regierung auf, Waffenstillstandsverhandlungen zu führen. Nun wurde der Regierung und dem Parlament der Scherbenhaufen übergeben, den sie und der oberste Kriegsherr Kaiser Wilhelm II. verursacht hatten.

Der deutsche Generalstabschef
Helmuth Johannes Ludwig
von Moltke.

Der deutsche Reichskanzler
(von 1909 bis 1917)
Theobald von Bethmann Hollweg.

71

Paul von Hindenburg und Erich Ludendorff – Militärführer, die auch in der Politik das Sagen hatten.

5. Der Anführer

Kaiser und oberster Kriegsherr: Wilhelm II.

„Zu guter Letzt" in der Reihe der Kriegstreiber und Vollstrecker – in Wahrheit aber deren Anführer – sei hier seine kaiserliche Hoheit von Gottes Gnaden und oberster Kriegsherr Wilhelm II. angeführt: Als Friedrich Wilhelm Albert Victor von Preußen (1859–1941) erblickte er als Erstgeborener des Kronprinzenpaares Friedrich Wilhelm und seiner Gemahlin Victoria, der 18-jährigen Tochter der Königin Victoria von Großbritannien und deren Gemahl Albert aus dem Hause Sachsen-Coburg und Gotha, das Licht der Welt. Diese zweifache deutsch-britische Verbindung – zumal der Vater beziehungsweise Schwiegervater, ein liberaler Geist, aus einem deutschen Fürstenhaus kam – ließ auf eine gedeihliche und friedvolle Zukunft der beiden Völker hoffen. Dies vor allem, weil der Taufname des Neugeborenen die Namen beider Großeltern enthält.

Behindert von der tragischen Geburt an

Aber schon mit Wilhelms Geburt begann die Tragik in Form einer körperlichen Schädigung, die durch den Geburtsablauf erfolgte. Das Kind wurde in Steißlage geboren, was zu der Zeit fast immer tödlich verlief. Lange Zeit galten die dramatischen Umstände seiner Geburt als ungeklärt beziehungsweise waren tabu und sind erst seit der Öffnung des Familienarchivs bekannt. Wilhelm kam laut Äußerung des Arztes „in hohem Maße scheintot" zur Welt. Der linke Arm blieb nicht zu gebrauchen und war 15 Zentimeter kürzer. Um das zu beheben, therapierte man ihn unter anderem mit einer Armstreckmaschine. Obwohl medizinische Koryphäen, sowohl englische als auch deutsche, zur Stelle waren, wurden falsche Diagnosen gestellt. So empfahl der Leibarzt,

„den rechten Arm festzubinden, um das Kleinkind zum Gebrauch des linken Armes anzuregen, was die Unvollkommenheit des Wissens der damaligen Medizin über das Nervensystem beweist. Erst allmählich setzte sich die Überzeugung durch, dass die Lähmung nicht auf eine Muskelverletzung, sondern auf einen Hirn- oder Nervenschaden zurückzuführen und deshalb unheilbar war." Das bedeutete, Wilhelm wurde ein Experimentieropfer.

Therapien, die Folterungen ähnlich waren

Die absurdesten Diagnosen führten zu den seltsamsten Therapien, die eher Experimenten und Folterungen ähnlich waren. „Als der Prinz sechs Monate alt war, verordnete Professor Berhard von Langenbeck von der Charité ‚animalische Bäder'. Zweimal wöchentlich wurde Wilhelms linker Arm eine halbe Stunde lang in den Kadaver eines ‚frischgeschossenen Hasen' gesteckt in der Erwartung, Wärme und Kraft des wilden Tieres würden sich auf den Arm übertragen. Bereits an dieser Stelle fragt man sich, welche psychischen Folgen diese jahrelang praktizierte blutige Grausamkeit auf den künftigen Monarchen gehabt haben mag; irgendwelchen Nutzen brachte sie jedenfalls nicht. Da er infolge der Lähmung Schwierigkeiten hatte, sein Gleichgewicht zu finden, gestalteten sich Wilhelms Gehversuche schmerzhaft, zumal man fortfuhr, seinen rechten Arm festzubinden. Frustration und Wut machten sich bemerkbar. Bald nach dem ersten Geburtstag verschrieb Langenbeck zusätzlich zu den ‚Tierbädern' Malzbäder und Magnetisierung – die erste Elektromagnetisierung des Armes wurde im April 1860 vorgenommen … Später ist für die Elektrotherapie des Halses der konstante galvanische Strom verwendet worden, da Wilhelm an dieser empfindlichen Stelle den magnetischen Wechselstrom nicht ertrug …"

„Als Wilhelm vier Jahre alt war, stellte sich als zusätzliches Krank-
heitsbild ein Schief- oder Drehhals ein: Die unverletzte Halsmusku-
latur zog den Kopf zur rechten Seite herunter und drehte gleichzeitig
das Kinn zur paralysierten linken Seite hin. Im April 1863 wurde, wie
sein Vater notierte, eine ‚Maschine für Wilhelm's Hals probiert‘, die
der Prinz täglich eine Stunde tragen mußte. Diese bestand – so be-
schrieb es die entsetzte Mutter – ‚aus einem Gürtel um die Taille, an
dem hinten eine Eisenstange festgemacht ist. Diese Stange führt über
den Rücken zu einem Ding, das genauso aussieht wie die Zügel bei
einem Pferd. Darin wird der Kopf festgemacht und mit einer Schraube
in die gewünschte Stellung gebracht‘. Die Kronprinzessin fertigte eine
Zeichnung von dem Gerät an und jammerte, wie furchtbar es sei, ‚das
eigene Kind als ein mißgebildetes behandelt zu sehen‘. Auch diese
Maßnahme, deren psychische Folgen man erahnen mag, erwies sich
als nutzlos; eine Operation wurde erforderlich." (Laut Aufzeichnung
am 23. März 1865.) Aber auch die Operation misslang weitgehend und
machte weitere Korrektureingriffe erforderlich. Im weiteren Verlauf
der Jugendzeit stellten sich im Ohrenbereich Komplikationen ein,
die zu Gleichgewichtsstörungen führten. Im August 1896 wurde das
Trommelfell des rechten Ohres entfernt, da eine Gehirnentzündung zu
befürchten war. *(Dieser verkürzte Auszug aus der tragischen, schick-
salhaften Krankheits-Biographie ist laut John C. G. Röhl durch Quellen genauestens belegt.)*

Frühes Faible für militärischen Prunk

Was bedeutete diese Situation für Preußen, das 1871 in Deutschland
aufgegangen ist und seit Generationen mehr oder weniger ein Militär-
staat war? Und wie wurde der zukünftige Kaiser mit seinem Schicksal
fertig? Schon frühzeitig machte er sein Faible für den militärischen
Prunk deutlich. Nicht nur in zahlreichen Paraden zu unterschiedlich-

sten Anlässen bewies er seine Zuneigung dafür, sondern vor allem im häufigen Wechsel seiner Uniform, der bis zu zehnmal am Tag erfolgte, wie sein Urenkel darlegte.

Nach dem Abitur trat Wilhelm seinen Militärdienst an. Aber bereits anlässlich des Geburtstages seines Großvaters Wilhelm I. wurde er zum Hauptmann befördert. Anzumerken ist, dass sein Vater Friedrich Wilhelm eine herausragende, aber keine fanatische, sondern eine besonnene militärische Persönlichkeit war und als einziger Hohenzoller auch ein Studium für Rechts- und Staatswissenschaft absolviert hatte.

Deutsch-englische Verbindungen im britischen Königshaus

Am Anfang der Hoffnung auf ein harmonisches Zusammenleben zwischen dem deutschen und dem englischen Volk stand ein Deutscher: Prinz Albert von Sachsen-Coburg und Gotha, Gemahl der Königin Victoria von Großbritannien. Das Ergebnis dieser Verbindung war die Tochter Victoria, die den preußischen Kronprinzen Friedrich Wilhelm ehelichte. Diesem Paar, vor allem seiner Tochter, hatte Prinz Albert schon frühzeitig seine liberale-konstitutionelle Grundeinstellung vermittelt. Die anfängliche Begeisterung der Bevölkerung über diese „englische Ehe" erkaltete bald. Ursache hierfür war das selbstbewusste Auftreten der jungen, hochintelligenten Kronprinzessin, der man unterstellte, sie würde ihren Mann zu stark beeinflussen, denn „demokratische Spielregeln" waren zu diesem Zeitpunkt in Deutschland suspekt. Trotz aller Konflikte, die zwischen den beiden Reaktionären Bismarck und „seinem" Kaiser Wilhelm I. bestanden, waren sie sich doch einig im Boykott gegen das Kronprinzenpaar. Was zur Folge hatte, dass sie in dieser Funktion 30 Jahre verblieben. Die Tragik bestand aber darin, dass der Kronprinz nur 99 Tage als Kaiser regierte. Er starb nach langjährigem Krebsleiden am 15. Juni 1888.

Die Nachricht von der Geburt Wilhelms, des erstgeborenen Sohnes des Kronprinzenpaares, löste sowohl in England als auch in Deutschland Hochstimmung aus. 101 Salutschüsse bekräftigten den Wunsch der Deutschen: „Gelangst Du einst zum Herrschersitz / Werd' uns ein großer Friederich". Auch in London wurde das Ereignis sehr hoch gehängt, vor allem auf Initiative der Großeltern, Prinzgemahl Albert und Königin Victoria: Der Nationalhymne wurde ein Vers angehängt: „Möge er sein Recht verteidigen / verbunden mit Old Englands Sache / und dadurch den Beifall aller Menschen gewinnen." Um einen Missklang beim Bejubeln des Ereignisses zu verhindern, wurde die Problematik des Geburtsablaufs ignoriert.

Die inhumane Erziehung des Prinzen

Nach all den körperlichen Qualen, die der Prinz während seiner frühkindlichen Entwicklung ertragen musste, um dem Erscheinungsbild eines preußischen Militärs gerecht zu werden, musste er statt elterlicher Wärme deren Kälte ertragen. Aber auch Wilhelms Erzieher waren aus inhumanem Holz geschnitzt. Bereits mit drei Jahren erhielt er die Obergouvernante Freifräulein von Dobeneck, die ihrem Zögling den „preußischen Schliff" in Form von handgreiflichen Unterweisungen beibrachte. Mit sechs Jahren erhielt er den Militärgouverneur Gustav von Schrötter als Lehrer, der ihm Kenntnisse über Uniformen, Waffen und Waffengattungen vermittelte. Von großer Bedeutung als Erzieher war der Zivilist Dr. phil. Georg Hinzpeter, ein Kalvinist gemäß der preußischen Staatsreligion, dessen strenge und spartanische Lebensweise nicht zu überbieten war. Hinzpeters Pädagogik war nach Erinnerungen seines Schülers Wilhelms „ganz auf harte, nüchterne Pflichterfüllung und auf Dienen eingestellt: Der Charakter muß durch stetes Entsagen gestählt werden". Der Erziehungstag begann für den Siebenjährigen im Sommer um sechs, im Winter um sieben Uhr und dauerte zwölf Stunden. Besonders stolz äußerte sich sinngemäß der Pädagoge Hinzpeter über sein „Erfolgserlebnis", wie er dem behinderten, etwas über acht Jahre alten Prinzen das Reiten beibrachte: „Da weder Reitknecht noch Stallmeister dazu in der Lage waren, erfolgreich zu sein, setzte er unter Einsatz seiner moralischen Autorität den weinenden Prinzen auf sein Pferd ohne Bügel und erzwang die Übung verschiedener Gangarten – taub gegen alles Bitten und Weinen, erbarmungslos den unaufhörlich herunterstürzenden Reiter wieder hinauf hebend, bis endlich nach wochenlanger Quälerei das nötige, schwer zu erwerbende Gleichgewicht erlangt war."

Am Gymnasiasten Wilhelm rügte Hinzpeter dessen Unkonzentriertheit und Lernunfähigkeit, eine Versteifung des Charakters, den „fast kristallinisch hart gefügten Egoismus, der den innersten Kern seines Wesens" ausmache, so Hinzpeter. Der Autor der Wilhelm-Biographie, Franz Herre, meinte dazu: „Auf den Gedanken, dass er daran mitschuldig sein könnte, schien der Pädagoge, der sich im Besitze der richtigen Erziehungsmethode glaubte, nicht gekommen zu sein." Wilhelm II. klagte später über Hinzpeter: „… und freudlos die Jugendzeit, durch die mich die harte Hand des spartanischen Idealisten geführt hat."

Zwei wissenschaftliche Kapazitäten äußern sich über Wilhelm

Sigmund Freud machte deutlich, dass die Komplikationen bei der Geburt sowohl für den Sohn als auch für die Mutter schwerwiegende Folgen hatten. Die Mutter unterließ die notwendige Zuneigung gegenüber dem behinderten Sohn, brachte eher ihre Enttäuschung zum Ausdruck und überforderte ihn. Aber auch der Sohn machte die Eltern und die behandelnde Ärzte für seine Situation verantwortlich. Man muss auch die außergewöhnliche Belastung der 18-jährigen Mutter berücksichtigen, denn der Geburtsablauf vollzog sich nach der sittenstrengen, puritanischen Lebensweise des kalvinistischen Preußen. Deren Etikette verlangte, dass die Gebärende einen Unterrock anbehielt, was das Problem noch verschärfte. Eine weitere Belastung war die stundenlange Behandlung mit Chloroform, um die Schmerzen der Mutter zu reduzieren, was sich vermutlich auch auf das Kind auswirkte. Freud vermutete: „Sie entzog dem Kind ihre Liebe wegen seines Gebrechens. Als dann aus dem Kind ein mächtiger Mann geworden ist, bewies dieser durch seine Handlungen unzweideutig, dass er der Mutter nie verziehen hatte." *Ich glaube, Wilhelms Aversion beschränkte sich nicht nur auf seine englische Mutter, sondern auf England allgemein.*

Weiter heißt es in dem Buch von Franz Herre *Wilhelm II. – Monarch zwischen den Zeiten:* „Weniger offensichtlich, doch schwerwiegender als die körperliche Abnormität schien ein anderer Geburtsfehler gewesen zu sein. Die neuere Forschung schließt nicht aus, dass bei der Steißgeburt auch das Gehirn geschädigt wurde und daraus manche Verhaltensstörungen – wie Unstetigkeit oder Unkonzentriertheit – zu erklären sei. Psychiater, die Wilhelm II. noch erlebten, diagnostizierten ein ‚periodisches Gestörtsein'".

Im Jahre 1916 erklärte Dr. Paul Tesdorpf, Nervenarzt und Schriftsteller, „dass der unter dem Namen der ‚Periodischen', das ist der abwechselnd mit krankhafter psychischer Erregung und krankhafter psychischer Niedergeschlagenheit einhergehenden ‚Geistesstörungen' bekannte Krankheitszustand" zu zahlreichen Äußerungen und Handlungen geführt habe, „die seit Jahrzehnten bis auf den heutigen Tag von allerhöchster Stelle ausgegangen sind und das Schicksal des Deutschen Reiches und seiner Angehörigen bestimmt haben".

Kaiser und oberster Kriegsherr – ohne Autorität bei der militärischen Elite

Nun wurde Wilhelm trotz allem Kaiser und oberster Kriegsherr, genoss jedoch weder Respekt, geschweige denn Autorität bei der militärischen Elite. Ein gravierendes Beispiel dafür: Als der Kaiser von ziviler Seite nach dem Kriegsverlauf gefragt wurde, antwortete er nur: „Die [gemeint ist der Generalstab] fragen mich nicht und sagen mir nichts." Deutlicher konnte er seine Hilflosigkeit und seine Ohnmacht nicht zum Ausdruck bringen. Im weiteren Verlauf seiner kriegsbedingten Verantwortung gab es von ihm eine Reihe von Vorschlägen und Maßnahmen, die auf Grund seiner Schizophrenie und Unberechenbarkeit besorgniserregend waren. Dies führte nicht nur innerhalb Deutschlands zu Irritationen, sondern auch beim Kriegspartner Österreich-Ungarn. Bei den Kriegsgegnern, vor allem bei seinen englischen Verwandten, stufte man ihn als hoffnungslose Kreatur ein.

Absurde und gefährliche Verhaltensweisen

Absurde und schockierende Verhaltensweisen des Kaisers, die unmittelbar mit dem Krieg zusammenhingen, reihten sich aneinander: Der Balkan galt seit vielen Jahren als ein unstabiler, ja friedensgefährdender Bereich. Das Vielvölker-Gebilde Österreich-Ungarn mit seiner Vielzahl von Kulturen und Sprachen hatte diesen Konflikt sogar hausintern. Die Slaven, für die Russland sich als Schutzmacht fühlte, wurden – insbesondere für den deutschen Kaiser Wilhelm II. – als ein suspekter Volksstamm erachtet. Die Annexion Bosnien-Herzegowinas durch Österreich-Ungarn, mit deutscher Hilfe, war sicherlich kein friedfertiger Beitrag. Der österreichische Botschafter in Potsdam übergab am 5. Juli 1914 ein Schreiben seines Kaisers, mit dem Ersuchen um Rückendeckung bei Österreichs Plänen, gegen Serbien militärisch vorzugehen. Wilhelm war sich dessen bewusst, dass daraus ein Krieg gegen Russland und Frankreich entstehen könnte. Er meinte, „mit den Serben müsste aufgeräumt werden". Trotzdem gab er seine Zustimmung, indem er sagte: „Auf mich können Sie sich verlassen." Damit hatte er Kaiser Franz-Joseph und dessen Generalstab einen „Blankoscheck" für ihre Politik erteilt, was sehr gewagt war. Die Österreicher stellten an Serbien ein Ultimatum im Zusammenhang mit dem Attentat, das sehr massive Forderungen enthielt, und man ging davon aus, dass es von Serbien abgelehnt wird. Noch am gleichen Abend und am nächsten Morgen tagte Bethmann Hollweg mit dem Kriegsminister und der militärischen Elite. Bei dieser Gelegenheit gab es keine Vorbehalte gegen einen Krieg.

Unmittelbar nach diesem Termin begann der Kaiser seine traditionelle Nordland-Kreuzfahrt, diesmal in verkürzter Version. Aber auch Teile des Militärs gingen in Urlaub und auf Kur, trotz der angespannten Situation. Vermutlich wollten sie den Eindruck von Friedfertigkeit vermitteln. Dennoch kam es am 25. Juli zu einer dramatischen Situation durch den Kommandanten der deutschen Hochseeflotte, der überzeugt war, dass der Krieg mit Russland sich nähere. Die Reaktion Kaiser Wilhelms bestand darin, dass er die russischen Flottenstützpunkte Reval und Libau an der Ostsee beschießen lassen wollte. Man konnte ihm aber dieses Vorhaben ausreden. Bethmann Hollweg bezeichnete den Kaiser daraufhin als „geschwollenen Leutnant": nassforsch, militaristisch, kriegerisch.

Zurück in Deutschland, begann Wilhelm an seinen Entscheidungen zu zweifeln. Am 28. Juli notierte der preußische Kriegsminister Erich Falkenhayn, der Kaiser halte „wirre Reden, aus denen nur klar hervorgeht, dass er den Krieg jetzt nicht mehr will". Wilhelm war nach seiner Rückkehr von der Kreuzfahrt über die Antwort aus Serbien angenehm überrascht und meinte, die Kriegsgefahr sei gebannt. Zwischenzeitlich war aber die Kriegsmaschinerie in Gang gesetzt worden, indem Österreich Serbien den Krieg erklärt hatte. Der deutsche Kaiser beabsichtigte aber nicht, den Vorgang zu bremsen.

Nach den militärischen Erfolgen im Osten, die am 4. September zu 90.000 russischen Gefangenen führten, war Wilhelm offenbar überfordert und schlug deshalb vor, diese auf der Kurischen Nehrung verhungern zu lassen. Retter dieser Gefangenen war der Kriegsminister Falkenhayn, der sich dagegen verwahrte. Nur fünf Tage später empfahl sich der 55-jährige Kaiser Wilhelm in seinem Siegesrausch als späterer Lehrmeister für Hitler: „Er plädierte dafür, die von Belgien und Frankreich nach einem Sieg zu annektierenden Gebiete ethnisch zu säubern und das dann frei gewordene Land an verdiente Unteroffiziere und Mannschaften zu vergeben." Niemand widersprach ihm, mag es Sprachlosigkeit oder Zustimmung gewesen sein. Der erhoffte Sieg blieb aus und aus dem Kaiser wurde ein Antisemit, der an die Vergasung der Juden dachte.

Wilhelms Phantasiewelt verstärkte sich mit dem Kriegsverlauf. Ein Schreiben im Januar 1917 an den Rassenideologen Houston Stewart Chamberlain beweist dies: „Der Krieg sei ein Kreuzzug gegen das Böse – Satan – in der Welt, von uns geführt als Werkzeuge des Herrn ...Gott will diesen Kampf... Er wird ihn leiten, um den Ausgang brauchen wir nicht sorgen, wir werden leiden, fechten und siegen unter seinem Zeichen! Dann kommt der Friede, der deutsche, der Gottes-Friede, in dem die ganze befreite Welt aufatmen wird."

Im Herbst 1918, nachdem Reichskanzler Max von Baden ihn mehrmals aufgefordert hatte, auf den Thron zu verzichten, erklärte Wilhelm am 1. November: „Wenn zu Hause der Bolschewismus kommt, stelle ich mich an die Spitze einiger Divisionen, rücke nach Berlin und hänge alle auf, die Verrat üben. Da wollen wir mal sehen, ob die Masse nicht doch zu Kaiser und Reich hält." Am 8. November ist er nicht mehr von dieser Welt: „Es ist nicht ausgeschlossen, dass die Engländer mir noch Truppenhilfe anbieten, um den Bolschewismus in Deutschland zu unterdrücken."

Um nicht den Eindruck zu erwecken, dass diese unglaublichen ver-
balen Auswüchse Kaiser Wilhelms II. unter dem Stress des Krieges
entstanden sind, folgen zwei weitere Beispiele – stellvertretend für
viele – aus der Zeit um 1906/1908:
Deutschlands Herrscher Wilhelm schrieb an den Reichskanzler
Bernhard von Bülow:„... die Lage sei noch nicht reif für einen
Krieg: Erst die Sozialisten abschießen, köpfen und unschädlich
machen – wenn nötig per Blutbad – und dann Krieg nach außen!"
Die Schwester des Kaisers urteilte über ihn: „Seine Majestät hält
sich für unfehlbar, Bülow jonglirt weiter und ich (...) kann nicht auf-
hören, ernst und schwarz in die Zukunft unserer Deutschen politi-
schen dynastischen und Regierungs-Verhältnisse zu sehen."

Theodor Fontane über die Epoche Wilhelms II.

Theodor Fontane, Schriftsteller und Zeitzeuge in der wilhelminischen
Ära bis zu seinem Tod 1898, galt als literarischer Spiegel Preußens.
Politisch unverdächtig, äußerte er sich über die Epoche unter Wilhelm II. Seine Kritik daran brachte er mehrmals – 1891, 1893, 1894,
1896 und 1897 – in Briefen an seinen 23 Jahre jüngeren Freund, den
Amtsrichter Georg Friedländer, zum Ausdruck:
„Die Welt war nie so arm an Idealen." Diese Anschauung beherrscht
mich seit Jahr und Tag, und jeder Tag bringt neue Belege und steigert
mein Unbehagen bis zur Angst. Dabei muss ich bemerken, dass ich nie
zu den Lobrednern des Vergangenen gehört habe, auch jetzt noch nicht
gehöre..."
„Jede Gesellschaftsklasse, jeder Hausstand hat ein bestimmtes Idol.
Im ganzen aber darf man sagen: Es gibt in Preußen nur sechs Idole,
und das Hauptidol, der Vitzliputzli des preußischen Kultus, ist der
Leutnant, der Reserveoffizier. Da haben Sie den Salat." (Fontane deu-
tete hiermit die Militarisierung der Gesellschaft an.)

„Von meinem vielgeliebten Adel falle ich immer mehr und mehr ganz ab, traurige Figuren, beleidigend unangenehme Selbstsüchtler von einer mir ganz unverständlichen Borniertheit, an Schlechtheit nur noch von den schweifwedelnden Pfaffen übertroffen, von diesen Teufelskandidaten, die uns diese Mischung von Unverstand und brutalem Egoismus als ,Ordnungen Gottes' aufreden wollen. Sie müssen alle geschmort werden. Alles antiquiert!"

„Alles, was jetzt bei uns obenauf ist, entweder heute schon oder es doch vom Morgen erwartet, ist mir grenzenlos zuwider: dieser beschränkte, selbstsüchtige, rappschige Adel, diese verlogene oder bornierte Kirchlichkeit, dieser ewige Reserveoffizier, dieser greuliche Byzantinismus (Kriecherei) …"

„Was mir am Kaiser gefällt, ist der totale Bruch mit dem Alten, und was mir an dem Kaiser nicht gefällt, ist das im Widerspruch dazu stehende Wiederherstellenwollen des Uralten." (Das entsprach der Unberechenbarkeit Wilhlms II.)

In einem Brief an Hans Hertz, den Sohn seines Verlegers, äußerte Theodor Fontane sich 1895 wie folgt: *„Mein Hass gegen alles, was die neue Zeit aufhält, ist in einem beständigen Wachsen, und die Möglichkeit, ja die Wahrscheinlichkeit, dass dem Sieg des Neuen eine furchtbare Schlacht vorausgehen muss, kann mich nicht abhalten, diesen Sieg des Neuen zu wünschen. Unsinn und Lüge drücken zu schwer, viel schwerer als die leibliche Not."*

Dazu passt eine objektive Aussage eines Mitgliedes der Hohenzollern-Familie: Der Urgroßenkel Kaiser Wilhelms II., Friedrich Wilhelm Prinz von Preußen, brachte in einem Spiegel-Interview 2011 zum Ausdruck: „Mein Urgroßvater, Kaiser Wilhelm II., war ein Unglück – für Deutschland und für unsere Familie." Ich meine: ein Unglück auch für Europa, denn Wilhelm II. hatte, wie auch sein Urgroßenkel meinte, „keinen ernsthaften Versuch unternommen, den Krieg zu verhindern".

Wilhelms peinlicher Auftritt am Zarenhof

Die verwandtschaftlichen Beziehungen der preußischen Hohenzollern zu Russland begannen durch die Heirat der Schwester Kaiser Wilhelms I., Charlotte, mit Zar Nikolaus I. Charlotte war die Mutter Alexanders II. und die Großmutter des regierenden Zaren Alexander III. Diese verwandtschaftliche Beziehung wurde durch eine politische Beziehung ergänzt. Eine indirekte Unterstützung durch die Russen erfolgte durch deren neutrales Verhalten im Preußen-Krieg 1866 gegen Österreich und die deutschen Südstaaten, aber auch im Krieg gegen Frankreich 1870.

Ab 1878 verschlechterte sich die Beziehung. Ursache hierfür war der von Bismarck geleitete Berliner Kongress, auf dem der Friedensschluss des russisch-türkischen Krieges vereinbart wurde. Dieses Ergebnis entsprach nicht den Vorstellungen des Zaren, der sich mehr Siegesbeute erhofft hatte. Bismarck suchte durch den Zweibund mit Österreich-Ungarn sich abzusichern, aber gleichzeitig den Dreikaiserbund zu erhalten. Dies war auch das Ziel des Thronfolgers Franz Ferdinand bis zu seinem Tod.

Bismarcks Entscheidung, für die bevorstehende Mission 1884 am Zarenhof in Petersburg den 25-jährigen Wilhelm auszuwählen, rührte daher, dass der legitimierte Kronprinz Friedrich Wilhelm ein nahezu uneingeschränkter Freund Englands war, schon wegen seiner Schwiegermutter, Königin Victoria, und seines deutschstämmigen Schwiegervaters. Außerdem galt der Kronprinz als ein liberaler Geist. Bismarck hingegen nahm die Anti-England-Position ein und war von antiliberalem Geist geprägt. Beides war auch für Russland ein wichtiges Kriterium, das auch den jungen Prinzen Wilhelm erfüllte. Bei dieser Mission ging es auch um die zukünftigen deutsch-russischen Beziehungen, die der Kronprinz wegen seines schweren Krebsleidens nur eingeschränkt voranbringen konnte.

Bei der Ankunft 1884 am Bahnhof in Petersburg begrüßten Wilhelm alle russischen Großfürsten. Er bezog dasselbe Quartier, das auch seinem Großvater Wilhelm I. bei seinen Besuchen zur Verfügung stand. Mit großer Begeisterung verfolgte er die Großjährigkeitsfeier des Zarewitsch; sie war teils höfisch, teils militärisch. Wilhelm imponierten die militärischen Einrichtungen, wie etwa die neuen Panzerschiffe, aber auch die Paraden. Alexander III. ernannte ihn ehrenhalber zum Chef des Wiborgschen Infanterieregimentes Nr. 85. In dessen Uniform wartete Wilhelm dem Zaren auf und übermittelte diesem, was Bismarck ihm aufgetragen hatte: Der deutsche Reichskanzler meinte, nicht nur der russische und der deutsche Kaiser, sondern alle drei Kaiser, auch der österreichische, müssten zusammenstehen, um eine „dreiseitige Bastion gegen die heranstürmenden Wellen der Anarchie und liberalisierenden Demokratie" zu bilden. Der Zar stimmte weitgehend zu, hatte aber seine Abneigung gegenüber Österreich zum Ausdruck gebracht.

Wie Wilhelm das Vertrauen am Zarenhof verspielte

Wilhelms erfolgreiche Mission wurde von verschiedenen Seiten hervorgehoben. Der Zar sei dem Kaiser dankbar dafür, dass er ihm diesen Prinzen geschickt habe, der die Dinge richtig ansehe, Interesse und Verständnis für alles zeige. Wilhelm sonnte sich in seinem Triumph. Als ihm der Zar das Du anbot, ließ er sich zu peinlichen Vertraulichkeiten hinreißen, was den anfänglich positiven Eindruck, den seine Gastgeber von ihm gewonnen hatten, trübte. Denn bei dieser Gelegenheit tischte er dem Zaren seine familiären Interna auf: „Lass Dich nicht erschrecken durch Dinge, die Du von meinem Vater hören wirst", schrieb der deutsche Prinz dem russischen Zaren. „Er ist in den Händen meiner Mutter, die ihrerseits durch die Königin von England geleitet wird, und sie lässt ihn alles durch die englische Brille sehen." Der Vater habe die Russen der Lüge und des Verrats bezichtigt, und als der Sohn (er meint sich) sie verteidigt habe, sei er als russophil und russifiziert beschimpft worden.

Die Schlussfolgerung Alexanders III. daraus war erschütternd. Er bangte nunmehr um die Zukunft bei solch einem künftigen Herrscher über Deutschland, der sich auf diese beschämende Weise in die Diplomatie einführte. Der Zar bereute, dem jungen Prinzen – einem offentsichtlich „schlecht erzogenen und unzuverlässigen Buben" – so offen entgegengekommen zu sein.

Wie Wilhelm über Kaiser Franz Joseph und dessen Thronfolger Rudolf dachte

Wilhelm äußerte sich 1887 im internen Kreis: Österreich-Ungarn werde bald zerfallen und sein deutsches Gebiet dann Deutschland in den Schoß fallen. Kaiser Franz Joseph könnte dann sein Leben in Ungarn als unbedeutender Monarch fortfristen. Den Kronprinzen Rudolf schmähte Wilhelm als einen „eitlen, künstlerisch, schriftstellerisch verjudeten Popularitätshascher, ohne Charakter, ohne Tüchtigkeit" und sprach ihm jegliche Thronreife und Herrschaftsfähigkeit ab. Wenn er aber den Habsburgern leibhaftig begegnete, kam er ihnen mit ausgebreiteten Armen entgegen. Ob nun aus „Pharisäismus", den schon sein Erzieher Hinzpeter an ihm feststellte, sei dahingestellt. Die österreichischen Generäle, meinte Wilhelm, seien zu kommod und die Soldaten nicht schneidig genug. Sogar das Präsentieren, so bemäkelte er, hätte man in der k. u. k. Infanterie abgeschafft.

Den ersten Begegnungen mit Kaiser Franz Joseph und Thronfolger Rudolf in Wien folgten weitere, aber ohne engere Bindung: Wilhelm stellte bei Rudolf fest, wie wenig dieser dem Deutschen Reich und dem Zweibund geneigt sei, vor allem die Idee des Preußentums sei ihm zuwider.

Preußisch-deutscher Thronfolger „von gottbegnadeter Beschränktheit"

Der Kaiser Österreichs formulierte es diplomatischer und ließ sich seine Aversionen wenig anmerken, sah aber in Wilhelm eine preußische Karikatur. Rudolf hielt sich aber meistens zurück und meinte, dass der preußisch-deutsche Thronfolger „von gottbegnadeter Beschränktheit, dabei energisch und eigensinnig wie ein Stier, sich selbst für das größte Genie haltend, sei, aber in der Lage, eine große Konfusion im alten Europa anzurichten". Diese Charakterisierung war durchaus nicht übertrieben. Es ist nicht zu glauben, wie gegensätzlich zwei fast gleichaltrige, aus der Monarchie stammende Persönlichkeiten sein können: Der eine unberechenbar und reaktionär, der andere ein weltoffener, liberaler Geist, der keine religiösen, rassischen und völkischen Unterschiede kennt.

Der deutsche Kaiser Wilhelm II.
in Prunkuniform mit Reichsadler-Helm.

6. Die Lichtgestalten

Prinz Heinrich von Preußen als deutscher Kaiser? – Ein Gegenentwurf, der leider nicht sein durfte

Im preußischen Königshaus war Prinz Heinrich eher eine Randerscheinung. Die einzige Gemeinsamkeit mit seinem erstgeborenen Bruder Wilhelm bestand in der äußerst strengen, pädagogisch unqualifizierten, ja demütigenden Erziehung durch die Mutter. Diese Probleme mit ihren Kindern teilte Victoria sogar ihrer Mutter, der Königin Victoria von England, mit. Das Verhältnis der beiden Brüder war eher einseitig ausgerichtet, denn Heinrichs Zuneigung zu Wilhelm war primär geprägt durch Mitleid wegen der jahrelangen drakonischen Behandlungsmethoden, denen sein Bruder auf Grund der Schädigung bei der Geburt ausgesetzt war. Eine engere Bindung der beiden Brüder wurde von Wilhelm nicht beabsichtigt. Er machte seinem Bruder Heinrich frühzeitig deutlich, dass er sich aus der Politik herauszuhalten habe.

Doch Politik war ohnehin nicht der Bereich, den Heinrich anstrebte. Seine Leidenschaft galt schon sehr frühzeitig der Marine. Wunschgemäß wurde für Heinrich im Park des Neuen Palais zu Potsdam sogar ein Schiffsmast mit Segeln und Strickleitern errichtet, und auch ein Matrose wurde für ihn zu Übungszwecken und zur Ausbildung abgestellt. Bereits mit 15 Jahren trat Heinrch in die Kaiserliche Marine ein. Bestandteil seiner Ausbildung zum Seeoffizier war eine zweijährige Weltreise. Im Rahmen dieser Reise besuchte Heinrich das Japanische Kaiserreich und erhielt bei dieser Gelegenheit mehrere Audienzen beim Kaiser. Es folgten noch zwei weitere Japan-Besuche, 1900 und zuletzt 1912 anlässlich der Beisetzungszeremonie für den verstorbenen Kaiser Meiji.

Ein Technikbegeisterter mit Pilotenschein

Außergewöhnlich groß war Heinrichs Interesse für neue, moderne Technik. Mit 48 Jahren war er 1910 der älteste geprüfte Flugzeugführer und bekam den Pilotenschein Nummer 38. Erfolgreich setzte er sich 1912 für den Einsatz von Benzol ein, welches aus deutscher Steinkohle gewonnen wurde – als Ersatz für Benzin aus importiertem Öl. Ziel war die deutsche Unabhängigkeit von Treibstoff für Motoren und Motorfahrzeuge. 1899 wurde Heinrich die Ehrendoktorwürde der Technischen Hochschule Berlin verliehen. Auch im Ausland erhielt er zahlreiche derartige Auszeichnungen, einschließlich der 1902 verliehenen Ehrendoktorwürde der Harvard University. 1905 beantragte Heinrich das Patent DRP 204.343 für eine von ihm erfundene, handbetriebene Scheibenwischer-Einrichtung an „Motorfahrzeugen". Wegen des internationalen Rückstandes Deutschlands beim Flugzeug- und Flugmotorenbau sowie bei der Ausbildung von Flugschülern und bei der Luftfahrtforschung rief der Prinz zu deren Förderung auf.

Heinrichs gefühlvolle Mentalität

Es gibt kaum ein Brüderpaar, das in der Persönlichkeitsstruktur so gegensätzlich war wie diese beiden Hohenzollern. Heinrichs gefühlvolle Mentalität wirkte sich in der Diplomatie erfolgreich aus – dies, obwohl er nur eine politische Randfigur war. Er war der erste europäische Prinz aus einem regierenden Hause, der je am chinesischen Kaiserhof empfangen wurde. Es gelang ihm auch auf zwei USA-Reisen, 1896 und 1902, gegenüber der kritischen und skeptischen amerikanischen Presse einen entspannten Eindruck zu hinterlassen. Das hatte auch zur Folge, dass er sich bei den zahlreichen Deutsch-Amerikanern große Sympathien erwarb. Dieses Verhalten zeichnete ihn extrem positiv gegenüber seinem Bruder Wilhelm aus, dessen

Eigenschaften gekennzeichnet waren durch Geltungsbedürfnis, folgenschwere Unberechenbarkeit und Sprunghaftigkeit. Diplomatie war für Heinrichs Bruder Wilhelm im wahrsten Sinne des Wortes ein Fremdwort.

Auch Heinrich griff aktiv als Oberbefehlshaber der Ostseestreitkräfte ins Kriegsgeschehen ein. Obwohl die ihm zur Verfügung gestellten Mittel gegenüber der russischen Ostseeflotte deutlich geringer waren, hatte er diese in die Defensive gedrängt und somit einen Angriff auf die deutsche Küste verhindert. Mit der russischen Kapitulation 1917 – welche die mit deutscher Hilfe an die Macht gekommenen Bolschewiken erklärt hatten – endete auch die aktive Militärzeit Heinrichs.

Wäre Heinrich statt seines Bruders Wilhelm deutscher Kaiser geworden, hätte die Geschichte Deutschlands und Europas eingangs des 20. Jahrhunderts wohl einen friedfertigeren Verlauf genommen!

Weitere vier Lichtgestalten in einem Umfeld von Kriegstreibern

Neben Prinz Heinrich von Preußen gab es noch einige weitere Lichtgestalten in einem Umfeld von Kriegstreibern, die eher auf Ausgleich und Mäßigung bedacht waren. Sie seien im Folgenden kurz vorgestellt.

Richard von Kühlmann

Richard von Kühlmann (1873–1948) war Diplomat und Industrieller. Sein Vater war Generaldirektor der Anatolischen Eisenbahn. Deshalb verbrachte der Sohn seine frühe Kindheit in Konstantinopel, wo er auch die deutsche Schule besuchte. Besonderen Schwerpunkt legte Vater Kühlmann auf die sprachliche Förderung seines Sohnes. Sehr beeindruckt während seiner frühen Reisen nach Deutschland war der junge Kühlmann von den historischen Erzählungen seines Großvaters. Richard von Kühlmann studierte Rechtswissenschaften an den Universitäten Leipzig, Berlin und München. Nach seiner Promotion als Dr. jur. trat Kühlmann 1899 in den diplomatischen Dienst ein. Zunächst als Legationssekretär an der deutschen Botschaft in Sankt Petersburg und später an der deutschen Gesandtschaft in Teheran. Schon früh erkannte er eine allmähliche Annäherung Großbritanniens und Russlands. 1908 wurde er Botschaftsrat bei der deutschen Botschaft in London, wo er bis zum Ausbruch des Krieges 1914 tätig war. Der weltoffene von Kühlmann dachte ähnlich wie der frühere deutsche Diplomat und seit 1912 in London amtierende Botschafter von Lichnowsky, der wie er um einen deutsch-englischen Ausgleich bemüht war. Dass man mit den Briten erfolgreich verhandeln konnte, bewies von Kühlmann Ende 1913, als er mit Vertretern des britischen Außen- und Kolonialministeriums über eine zukünftige Aufteilung portugiesischer und belgischer Kolonien in Afrika verhandelte. Nach kurzer Tätigkeit in Schweden und in den Niederlanden wurde Kühlmann Botschafter in Konstantinopel.

Ab 5. August 1917 bis 9. Juli 1918 war er Chef des Außenministeriums. In dieser Eigenschaft befürwortete er die finanzielle Förderung der Prawda, des Parteiorgans der Bolschewiki, um deren Ziel, nämlich den Austritt Russlands als Kriegsgegner, massiv in der Bevölkerung zu propagieren. Lenins Ziel „Brot und Frieden" war damit erreicht und die militärische Auseinandersetzung vorerst beendet. Auf Trotzkis Vorschlag begannen am 28. November 1917 Waffenstillstandsverhandlungen in Brest-Litowsk. Von Seiten Deutschlands nahm die Gruppe der Diplomaten unter Leitung Richard von Kühlmanns die Verhandlungen auf. Im weiteren Verlauf beteiligte sich die Oberste Heeresleitung unter Erich Ludendorff daran. Damit begann ein Konflikt: Von Kühlmann trat für eine mäßige Forderung gegenüber Russland ein, im Gegensatz zu Ludendorff, der den Gegner zerschlagen und große Teile unter deutsche Hoheit stellen wollte. Letzteres hatte mit Diplomatie nichts zu tun, sondern zeugte von Gier und Größenwahn.

Von Kühlmanns Absicht war, nach einem Frieden im Osten die freiwerdenden Armeen im Westen zu stationieren, um einen für Deutschland annehmbaren Frieden zu erreichen. Er kommentierte das Verhalten der Generalität mit den Worten: „Je schlechter es ihnen im Westen geht, um so toller treiben sie es im Osten." Noch im Sommer 1918 versuchte von Kühlmann, der einen Ausgleichsfrieden befürwortete, geheime Verhandlungen mit Sir William Tyrrell in den Niederlanden zu organisieren, da ihm die Kriegssituation nahezu hoffnungslos erschien. Kaiser Wilhelm schätzte von Kühlmanns Vorhaben zunächst positiv ein, letztendlich verwarf er diese Chance jedoch auf Druck der Obersten Heeresleitung. Noch im Juni 1918 machte von Kühlmann im Reichstag seine Befürchtung deutlich und schlug deshalb Ausgleichsverhandlungen mit Großbritannien vor. Dies war sein politisches Todesurteil, und die Oberste Heeresleitung vollstreckte es.

Die Erkenntnis hieraus: Deutschland hatte seit 1916 einen kranken, ohnmächtigen Monarchen und ein nahezu bedeutungsloses Parlament, aber dafür eine Militärdiktatur.

Karl Max von Lichnowsky

Karl Max von Lichnowsky (1860–1928) war ebenfalls Diplomat und von 1912–1914 deutscher Botschafter in London. Er entstammte dem schlesisch-mährischen Adelsgeschlecht. Nach seinem Eintritt in die preußischen Armee wechselte er zum diplomatischen Dienst. Ab 1887 war er in Stockholm, Konstantinopel, Bukarest und Wien tätig. Seit 1899 wirkte er als Vortragender Rat und Personaldezernent im Außenministerium. Ab 1904 war er journalistisch tätig, indem er fachbezogene Beiträge in demokratischen Zeitschriften veröffentlichte. Seinen Artikel „Deutsch-englische Missverständnisse" hatte der Kaiser falsch interpretiert und von Lichnowsy 1912 nach London entsandt. Von Lichnowsys Ziel war ein Ausgleich zwischen dem Deutschen Kaiserreich und Großbritannien. Zugleich riet er, von einer engen Bindung an Österreich-Ungarn abzusehen – vermutlich wegen der dortigen unstabilen militärischen Verhältnisse und der konfliktreichen Vielvölkersituation. Mit seiner Absicht fand von Lichnowsky weder beim Kaiser noch beim Reichskanzler Zustimmung.

Von Lichnowskys letzter Warnruf, sein Telegramm vom 28. Juli 1914, endete mit dem langen Satz: „Ich möchte dringend davor warnen, an die Möglichkeit der Lokalisierung auch fernerhin zu glauben, und die gehorsame Bitte auszusprechen, unsere Haltung einzig und allein von der Notwendigkeit leiten zu lassen, dem deutschen Volke einen Kampf zu ersparen, bei dem es nichts zu gewinnen und alles zu verlieren hat." Mit dem Kriegsausbruch kehrte Lichnowsky ohne Hoffnung nach Deutschland zurück. Um seine Haltung zu rechtfertigen, verfasste er eine diplomatische Denkschrift. Diese wiederum kostete ihn seinen Sitz im Herrenhaus; daraufhin zog er sich aus der aktiven Politik zurück.

Johann Wilhelm Muehlon

Johann Wilhelm Muehlon (1878–1944) war Unternehmer, Diplomat und Publizist – eine außergewöhnliche Persönlichkeit mit vielseitiger beruflicher Tätigkeit. Er studierte Rechts- und Staatswissenschaften in München, Berlin und Würzburg und promovierte 1904. Nach kurzer Tätigkeit als selbständiger Anwalt kam er 1907 als Anwärter für den konsularischen Dienst ins Auswärtige Amt. 1908 wurde er als Direktionsassistent zur Firma Krupp beurlaubt. Als 34-Jähriger stieg er 1913 zum Direktor der Abteilung für Kriegsmaterial auf; Ende 1914 schied er auf eigenen Wunsch aus der Firma aus. *(Vielleicht plagten ihn Gewissensbisse.)* 1915 wurde er vom Auswärtigen Amt als „Besonderer Kommissar der Reichsverwaltung für die Balkanstaaten" beauftragt, über Getreide- und Erdöllieferungen zu verhandeln. Liberal und demokratisch gesinnt, aber parteipolitisch unabhängig, stand Muehlon der Politik des Deutschen Reiches kritisch gegenüber, vor allem wegen dessen gigantischer Gebietsforderungen gegenüber dem Kriegsgegner. Im Herbst 1916 übersiedelte er in die Schweiz und arbeitete dort bei der deutschen Gesandtschaft als informeller Mitarbeiter.

Muehlon, dem kritischen Geist mit humaner Gesinnung, reichte es nun! Auslöser für seinen Bruch mit dem offiziellen Deutschland war die Ankündigung des uneingeschränkten U-Boot-Krieges, was Deutschland auch weltweit das Image einer absoluten Kriegsnation eintrug. Außerdem berichtete Muehlon von einem Gespräch mit Karl Helfferich, einer maßgebenden Person aus der Finanz- und Wirtschaftselite, sowie mit Gustav Krupp von Bohlen und Halbach, einige Wochen vor Kriegsbeginn, aus dem hervorging, dass sich Kaiser und Reichsregierung kriegsbereit gezeigt hätten. Diese Publikation, die für das Parlament bestimmt war, führte dazu, dass Muehlon in der Presse und im Reichstag als pathologisch diffamiert wurde.

In der Schweiz war Muehlon Mittelpunkt eines Kreises deutscher Republikaner, Pazifisten und Demokraten, unter ihnen der Sprecher der deutschen Friedensbewegung und spätere Friedensnobelpreisträger Ludwig Quidde. Im Ausland galt Muehlon mit seinen Schriften als „der erste Europäer in Deutschland".

Respekt vor einem Menschen wie Johann Wilhelm Muehlon, der sich gegen die deutsche Kriegsmaschinerie stemmte! Seine Widersacher aber haben nicht nur Millionen von Toten zu verantworten, sie haben mit ihrer ruinösen Kriegsfinanzierung auch der nachfolgenden Republik eine gedeihliche Zukunft verbaut. Ja, eine Vielzahl der „Gestrigen", die im Ersten Weltkrieg in der vordersten Front für die Katastrophe verantwortlich waren, betätigten sich als Steigbügelhalter Hitlers.

Erzherzog Franz Ferdinand

Erzherzog Franz Ferdinand (1863–1914), den österreichisch-ungarischen Thronfolger, zähle ich ebenfalls zu den Lichtgestalten im Umfeld von Kriegstreibern. Als zukünftiger Kaiser, so nahm er sich vor, würde er die einseitige Bevorzugung der Deutsch-Österreicher und der Magyaren minimieren, hingegen aber die Einbeziehung der slawischen Nationalitäten fördern. Damit machte er sich noch unbeliebter, vor allem bei seinem kaiserlichen Onkel, der ihn wegen seiner nicht standesgemäßen Ehe weitgehend verachtete. Als Hauptschwerpunkt seiner Politik hob Franz Ferdinand die Annäherung an Russland hervor. Der außenpolitische Schwerpunkt des Erzherzogs bestand in einer engen Bindung der konservativen Monarchien. Seiner realistischen Einschätzung nach war das österreichisch-ungarische Militär von einer Kriegstauglichkeit weit entfernt, sowohl technisch als auch bedingt durch die unterschiedlichen, ja gegensätzlichen Interessen der Vielvölker-Monarchie.

Die Tragik der Geschichte besteht darin, dass Franz Ferdinands Tod angeblich ein Kriegsgrund war – er selbst aber zu den wenigen besonnenen Friedensbewahrern gezählt hatte. Ein Beweis von großer Bedeutung ist auch der sechstägige Besuch von Wilhelm II. und Großadmiral Alfred von Tirpitz am 11. Juni 1914 beim österreichisch-ungarischen Thronfolger Erzherzog Franz Ferdinand. Im Gegensatz zu diesem sprach sich Tirpitz für eine militärische Lösung der politischen Probleme Österreich-Ungarns aus.

Erzherzog Franz Ferdinand (1863–1914), österreichisch-ungarischer Thronfolger, mit seiner Familie. Sie wurde wegen der nicht standesgemäßen Ehe enterbt.

Prinz Heinrich, der jüngere, charakterfeste, gefühlvolle und technikbegeisterte Bruder Kaiser Wilhelms.

7. Der Deal mit Lenin

Das kaiserliche Deutschland als Geburtshelfer und Stabilisator des realen Kommunismus in Russland

Vorweg mein erstes, aber unvergessliches politisches Erlebnis! Als ich ein kleiner Schulbub im bereits erwähnten Dörfchen Eilsbrunn war – Anfang der fünfziger Jahre – hatte man durch Russland eine große Bedrohung gesehen. Vermutlich haben einzelne aus russischer Kriegsgefangenschaft heimgekehrte Soldaten ihre negativen Erlebnisse verbreitet. Aber einen tiefen, Angst auslösenden Eindruck machten mir die CSU-Wahlplakate, auf denen die SPD als Handlanger des damaligen kommunistischen Russlands mit all seinen Schrecklichkeiten dargestellt wurde. Verstärkt wurde bei mir die Angst, als der Pfarrer von der Kanzel herab diese Bedrohung verkündete. Denn in meiner kindlichen Naivität zweifelte ich nicht an der Wahrhaftigkeit des geistlichen Herrn. Die Folge daraus war, dass ich einen großen Umweg um die Menschen machte, die SPD-Plakate anbrachten. Soweit meine Kindheitserinnerungen, die lange Zeit meine zeitgeschichtliche Basis bildeten.

Diese wahrheitswidrige Polemik wurde von den erzkonservativen Kräften nahezu 20 Jahre verbreitet. Denn nicht vor den Sozialdemokraten hätte ich Mitte der 1950er-Jahre Angst haben müssen, wie es der geistliche Herr und die Gehilfen der christlichen Partei verbreiteten. Nein, es war das kaiserliche Deutschland mit seinen erzkonservativen und militärischen Kräften, die den Sieg des Kommunismus im Oktober 1917 mit all seinen schrecklichen Folgeerscheinungen möglich machten. Es waren sozusagen die Väter und Großväter der konservativen und reaktionären politischen Kräfte von heute.

Was war geschehen zu Beginn des Ersten Weltkrieges? Die deutschen Kriegsplaner von 1905 und ihr Generalstabschef von Schlieffen gingen davon aus, dass mit dem Überfall auf die neutralen Länder Luxemburg und Belgien sowie der anschließenden Eroberung Nordfrankreichs mit dem Industriegebiet und der Hauptstadt Paris der Krieg im Westen nach sechs Wochen siegreich beendet sei. Für nahezu problemlos hielt man es, im Anschluss daran das militärisch und wirtschaftlich geschwächte Russland zu besiegen. Diese Rechnung ging unter anderem deshalb nicht auf, weil die Belgier ihre Heimat verteidigten. Wie konnte es möglich sein, dass ein kleines Land den Mut hat sich zu wehren? Damit hatte man im deutschen Hauptquartier nicht gerechnet. Dies brachte aber den deutschen Zeitplan in akute Bedrängnis, denn die deutschen Strategen waren davon ausgegangen, dass nach sechs Wochen der Sieg im Westen gesichert und somit ein Zweifronten-Krieg abgewendet wäre. Nun aber war dieses Ziel verfehlt worden, und selbst der Generalstabschef von Moltke machte dem Kaiser deutlich: „Majestät, wir haben den Krieg verloren." Die Folge war, dass der Generalstabschef entlassen wurde und der Krieg weiterging – und zwar als Zweifrontenkrieg in Ost und West, was ja so nicht konzipiert war.

Gärungsprozess in Russland und Ende des Zarenreiches

Nun begann ein Gärungsprozess in Russland, der zum Untergang des Zarenreiches und zu einem Machtkampf zwischen zwei konträren Revolutionären führte: Kerenski und dem Exilanten Lenin.

Das deutsche Ziel hieß nunmehr, Russland, das mit Frankreich und Großbritannien verbündet war, in verstärktem Maße zu destabilisieren. Die einsetzende militärische Schwäche Russlands führte im Herbst 1916 zu erheblichen Rückschlägen. Dazu kamen wirtschaftliche Nöte, was zwangsläufig bei der breiten Masse die Kriegsmüdigkeit förderte.

Eine apathische Situation, die ihren Ursprung in der acht Jahre zurückliegenden Revolution und dem verlorenen Krieg gegen Japan hatte. Zusätzlich breiteten sich innenpolitische Konflikte aus, deren Ursache die Forderung nach verfassungsmäßigen Reformen war, die aber der „allmächtige" Zar Ende 1916 nicht zuließ. Dieses Verhalten könnte vermutlich die Aktivität Deutschlands beschleunigt haben, in Russland einen Umsturz zu betreiben. Wichtiger Verbindungsmann zu den deutschen Regierungsstellen war Alexander Helphand („Parvus"), der bereits 1915 seinen Plan für die Revolutionierung Russlands dem Auswärtigen Amt präsentiert und dafür finanzielle Mittel erhalten hatte. Er stand unter dem besonderen Schutz des Gesandten Graf Brockdorff-Ratzenau in Kopenhagen, der übrigens 1919 erster Außenminister der Weimarer Republik wurde.

Im Februar 1917 eskalierten die Ausschreitungen mit Massendemonstrationen, auch verursacht durch die Lebensmittelverknappung. Die gegen die Protestierenden eingesetzten Truppen erwiesen sich als unzuverlässig, indem sie sich teilweise den Demonstranten anschlossen. Das führte die Duma (russisches Parlament) zur Opposition gegen das Regime. Dieses wiederum veranlasste den Zar zur Auflösung des Parlaments. Die Volksvertretung hingegen widersetzte sich der Maßnahme und bildete ein Exekutivkomitee, das die Macht übernahm. In der Hauptstadt Petrograd herrschte weitgehend Anarchie. Letztendlich unterzeichnete der Zar in seinem Hauptquartier die Abdankungsurkunde. Eine Woche später wurde Nikolaus II. verhaftet und mit seiner Familie in Zarskoje Selo interniert.

Der Machtkampf zwischen Kerenski und Lenin

Nun bildete sich, wie schon bei der niedergeschlagenen Revolution von 1905, ein zweites Exekutivkomitee, bestehend aus Arbeiter- und Soldatenräten. Diese Gruppierung stand unter menschewikischer Führung, die freiheitliche und demokratische Ziele verfolgte. Ihr herausragender Repräsentant war der Rechtsanwalt Alexander Kerenski, ein blendender Rhetoriker, der sich großer Beliebtheit erfreute. Nach der Februar-Revolution 1917 war Kerenski die dominierende Kraft in der Regierung Lwow, die vor der Frage stand, den Krieg fortzuführen oder bereit zu sein, die Bedingungen Deutschlands zu respektieren und dabei große Gebietsverluste Russlands in Kauf zu nehmen. Kerenski, der zu diesem Zeitpunkt Kriegs- und Marineminister wurde, hoffte mit einer militärischen Offensive die Position Russlands für Friedensverhandlungen zu verbessern. Diese brach aber bereits im Juli ergebnislos zusammen. Kerenski versuchte dann, mit einer kampfmotivierten, aber kleinen Truppe gegen die Bolschewiki in Petrograd vorzugehen, was aber mit einem Debakel für die Menschewiken endete. Nun begann für Kerenski ein abenteuerliches, monatelanges Versteckspiel, bis er schließlich in Frankreich Asyl fand. Dort blieb er bis zum Einmarsch der Hitler-Truppen 1940 und flüchtete dann in die USA, wo er 1970 starb.

Lenin und das kaiserliche Deutschland

Eine Lektion deutscher Geschichtsunterricht, die unter den Teppich gekehrt wurde, sei an dieser Stelle nachgeholt: „Lenins Eintritt in Russland geglückt. Er arbeitet völlig nach Wunsch." Diese Nachricht drahtete am 17. April 1917 der Leiter des deutschen Nachrichtendienstes in Stockholm an den Generalstab in Berlin. Kurt Riezler, ein herausragender Diplomat und engster Mitarbeiter des Reichskanzlers Theobald von Bethmann Hollweg, kommentierte diese Nachricht so: *„Alles hing davon ab, dass sich Lenin an der Macht hielt. Und dafür waren die Minister seiner Majestät des Kaisers erneut bereit, tief in die Taschen zu greifen."* Diese Verlautbarung Riezlers ist sehr aussagekräftig, denn sie macht deutlich, dass schon sehr viel deutsches Geld an die Bolschewiki im Exil geflossen ist, aber auch an die, die in Russland illegal lebten – und darunter fielen nicht unwesentlich viele Scharlatane. Die kontinuierlichen Auflösungserscheinungen der *Provisorischen Regierung* unter Kerenski lagen an der Überforderung, einerseits eine totale militärische Niederlage zu verhindern, andererseits aber auch die wirtschaftlichen Lage zu verbessern und insbesondere die große Hungersnot zu entschärfen. Das war zuviel des „Guten". Lenin hingegen versprach das Ende des Krieges und dadurch auch die Beseitigung der Hungersnot.

Mit Trotzki und Lenin beginnt das kommunistische Zeitalter

Leo Trotzki, engster Vertauter Lenins, organisierte am 25. Oktober 1917 den Aufstand, der kaum auf Gegenwehr stieß. Trotzki und Lenin setzten die Regierung ab und riefen die Machtübernahme durch die Sowjets aus. Lenin wurde als Vorsitzender des Rates der Volkskommissare der Regierungschef Russlands. Anzumerken ist, dass eine Anhängerin der „Sozialrevolutionäre" am 30. August 1918 ein Attentat auf Lenin verübt hatte, von dem er sich nicht mehr erholte.

Trotzki und das kaiserliche Deutschland an einem Tisch

Am 3. Dezember beschlossen die Bolschewiki wie versprochen, nicht mehr am Krieg teilzunehmen. Gleichzeitig äußerten sie den Wunsch nach Friedensverhandlungen – ein Ansinnen, dem das kaiserliche Deutschland nachkam. Die Verhandlungen leitete auf russischer Seite Trotzki, der für das Ressort Militär und Außenpolitik zuständig war. Auf deutscher Seite besaß die Oberste Heeresleitung unter Hindenburg und Ludendorff die Dominanz. Die zivile Ebene unter Außenminister von Kühlmann konnte sich mit ihrer Diplomatie nicht durchsetzen, die darin bestand, die gigantischen Annexionsforderungen des Militärs zu verhindern. Die Strategie der Obersten Heeresleitung bestand darin, möglichst schnell zu einem Ergebnis zu kommen, um das deutsche Heer von Russland nach dem Westen zu verlagern. Damit glaubten die Militärführer, die Chance auf einen Gesamtfrieden ohne Gebietsverluste verbessern zu können. Angesichts der beispiellosen Forderung des deutschen Militärs brach Trotzki die Gespräche ab und bezeichnete den Zustand „weder Krieg noch Frieden". Die Reaktion der Deutschen bestand darin, ihre Truppen weiter gegen den Osten vorzurücken.

Die Protagonisten Lenin und Trotzki standen vor einem Konflikt: Trotzki befürchtete, das russische Volk würde es als Verrat verurteilen, wenn Russland das deutsche Friedensdiktat akzeptieren würde. Aber Lenin drängte auf neue Verhandlungen, um die Revolution zu retten. Am 3. März 1918 wurde in Brest-Litowsk der Friedensvertrag unterzeichnet. Das Ergebnis demonstriert deutschen Größenwahn und Gier: Russland verlor 26 Prozent des damaligen europäischen Territoriums, 27 Prozent der landwirtschaftlichen Fläche, 26 Prozent des Eisenbahnnetzes, 33 Prozent der Textil- und 73 Prozent der Eisenindustrie, sowie 73 Prozent der Kohlegruben. Der Berliner Zusatzvertrag vom 27. August 1918, zehn Wochen vor dem hoffnungslosen Kriegsende, zwang die Russen darüber hinaus noch, sechs Milliarden Goldmark als Entschädigung an Deutschland zu zahlen. Dieser Wahnsinn wurde aber mit dem Waffenstillstand vom 11. November 1918 zur Makulatur und somit gegenstandslos. Aber der Weltöffentlichkeit wurde die deutsche Gier und Maßlosigkeit vor Augen geführt. Dies hatte zwangsläufig Auswirkungen auf die Friedensverhandlungen in Versailles. Aber nicht nur das, denn vor allem das verantwortliche Militär propagierte noch sieben Wochen vor Kriegsende den „Endsieg" und forderte Belgien als Bestandteil Deutschlands.

Golo Mann machte in seinem Buch „Deutsche Geschichte des XX. Jahrhunderts" deutlich, dass dieser Vertrag kein Einzelfall ist. Es gab vergleichbare Kriegsziele, verfolgt von den deutschen Wirtschafts- und Industrieverbänden sowie von den Alldeutschen, die nach den ersten glorreichen Schlachten 1914/15, wie es hieß, „für einen deutschen Frieden" planten. Golo Mann erwähnt Hugo Stinnes, Alfred Hugenberg und Emil Kirdorf. Es äußerten sich zahlreiche Verbände, anfangs zurückhaltend, dann auch offen, und machten ihre Beutewünsche auch gegenüber dem Ausland bekannt.

Deutsche Millionen für Lenin und die „Prawda"

Wie wertvoll waren dem deutschen Kaiserreich die Kommunisten? Diese Frage ist sicherlich schwer zu beantworten. Die finanziellen Zuwendungen liefen ab 1914, denn die Förderung Lenins und seiner Genossen war für das Deutsche Reich schon von Wichtigkeit, als die bolschewikischen Revolutionäre noch im Schweizer Exil waren. Aber auch die illegalen Netzwerke in Russland wurden für ihre Sabotagetätigkeiten unterstützt. Vor allem aber wurde die Parteizeitung „Prawda" massiv gefördert, wie die erstaunliche Auflagensteigerung beweist. Große Summen hierfür gingen vom Reichsschatzamt, aber auch vom Auswärtigen Amt ab. Weitgehend wurden Quittungen nach erfolgter Auszahlung vernichtet, verstärkt in der Endphase des Krieges und während der Revolutionswirren.

„Zeit Online" veröffentlichte eine interessante Dokumentation vom 27. Juni 1957 unter dem Titel „Lenins deutsche Millionen". Die Quelle ist ein Memorandum des Reichsaußenministers Richard von Kühlmann vom Dezember 1917 für Kaiser Wilhelm II., die Summe beträgt 50 Millionen Goldmark. Dabei ist anzumerken, dass die Zahlungen sicherlich noch einige Monate weiterliefen. Übrigens ist dieses Dokument 1945 in einem Salzbergwerk aufgefunden worden. Aber

104

das deutsche Reichsschatzamt finanzierte mit enormen Beträgen auch die Kolonialvölker von Großbritannien und Frankreich,womit diese Aufstände gegen die Kriegsgegner Deutschlands führen sollten. Wie man weiß, war diese Strategie erfolglos.

Die vier Jahre während deutsche Unterstützung des Kommunismus bezog sich nicht nur auf finanzielle Leistungen, sondern auch auf Munitions- und Waffenhilfen. Als sich die politische Situation der Lenin-Regierung verschlechterte und die Hungersnot in Russland sich vergrößerte, lieferte das deutsche Reich, um Lenin zu retten, auch Grundnahrungsmittel. Dieser Vorgang ist besonders makaber, wenn man bedenkt, dass in Deutschland während der zweiten Hälfte des Krieges 700.000 Menschen an Unterernährung starben.

Der Deal des Deutschen Kaiserreichs mit Lenin war ein finanzielles Desaster für Deutschland und ein politisches weltweit. Dieses Ereignis ist weitgehend vergessen oder aus politischen Motiven unter den politischen Teppich gekehrt worden. Außer einer wissenschaftlichen Publikation von Winfried B. Scharlau und Zbynek A. Zeman mit dem Titel „Freibeuter der Revolution. Parvus – Helphand" von 1964 ist kaum etwas darüber bekannt. Vor allem vermisse ich eine populäre, gemeinverständliche Publikation. Der „Spiegel" hat sich diesbezüglich große Verdienste erworben, indem er an ungewöhnlichen Orten, in einer Vielzahl von Archiven in Europa gesucht hat und dabei auf bislang unbekanntes oder nicht ausgewertetes Material gestoßen ist: „Analysen und Papiere der Sicherheits-Behörden Schwedens, der Schweiz und Großbritanniens, Unterlagen der preußischen Polizei, Vermerke im Archiv des Auswärtigen Amts und in russischen Archiven, Kontoauszüge Schweizer Banken." – Als Dank für die deutschen Geldgeber hatte Lenin nur Spott übrig: „Der deutsche Imperialismus habe sich unglaublich aufgebläht und sei unter Zurücklassung eines fürchter-

lichen Gestanks geplatzt. "Der Kommunismus hat aber auch, mit deutscher Hilfe, über 80 Jahre sein totalitäres System in Europa praktiziert.

Wladimir Iljitsch Lenin, 1897.

8. Der Tatort Belgien

Belgien – das vom Deutschen Reich überfallene und geschundene kleine Land – Aber auch das Land, in dem mein Großvater seine letzte Ruhe fand

Die Geschichte des kleinen Belgien als unabhängiges Königreich beginnt 1830. Die Neutralität des Landes wurde international garantiert und gesichert, darunter auch seitens Deutschlands. Dies hinderte aber das Deutsche Reich nicht, in der Nacht vom 3. auf den 4. August 1914 das neutrale Belgien zu überfallen. Vorausgegangen aber war bereits die Besetzung Luxemburgs, das ebenfalls einen Neutralitätsstatus hatte. Solches Verhalten widerspricht dem internationalen Völkerrecht und ist somit ein Kriegsverbrechen. Dieser Vorgang wäre kurzfristig korrigierbar gewesen und der Weltkrieg vermeidbar. Da aber Großbritannien als Schutzmacht für das neutrale Belgien verpflichtet war, dem Land beizustehen – und dies der deutschen Reichsregierung auch mitteilte – begann die Katastrophe. Der belgische König Albert I. machte Kaiser Wilhelm gegenüber ein knappes Jahr vor Kriegsbeginn deutlich, dass sein Land nicht im Geringsten ein Bestandteil des Krieges sein werde und bei jeglicher Grenzverletzung und Eroberung mit allen erdenklichen Möglichkeiten Widerstand leisten werde. Diese Warnung macht deutlich, dass das belgische Volk sich auf einen Verteidigungskampf einstellte.

„Unglaublicher Irrtum" des Belgien-Urlaubers Stefan Zweig

Der österreichische Schriftsteller Stefan Zweig verbrachte seinen Sommerurlaub 1914 in Le Coq, einem kleinen Seebad in der Nähe von Ostende. Die unmittelbare Kriegsgefahr lag in der Luft, gemeint war aber der Konflikt zwischen Österreich und Serbien. Die belgischen Freunde des Schriftstellers befürchteten nun den Überfall der Deutschen auf Belgien, aber Zweig widersprach heftig. Ihm schien ein Einmarsch des deutschen Militärs „völlig absurd", da doch Zehntausende von Deutschen hier in Belgien fröhlich die Gastfreundschaft des kleinen Landes genießen können. Unglaublich, dass an der Grenze einfallbereit deutsche Soldaten stehen sollten! Doch plötzlich begann die Flucht der Menschen aus ihrem Urlaubsparadies. Nun, auf deutschem Staatsgebiet angekommen, wurde auch Stefan Zweig klar, dass er – in Anbetracht der Waggons und Fahrzeuge mit militärischer Ausrüstung und Geräten – sich mitten im Aufmarsch der deutschen Truppen befand.

Der deutsche Überfall auf Belgien – eine Demütigung für Volk und Land

Das militärische Vorgehen der Deutschen in Belgien war nicht nur Krieg im üblichen Sinn, sondern auch eine Demütigung für Volk und Land. Um schnellstmöglich Belgien zur Kapitulation zu zwingen – denn der deutsche Kriegsplan sah nur sechs Wochen Zeit für einen Sieg im Westen vor – forcierten die deutschen Truppen ihre Brutalität, die sich schon während der Schlacht um die Festung Lüttich einstellte. Hier zeigten schon die deutschen „Wunderwaffen", Skoda-Mörser und Krupp-Geschütze, ihre Wirkung, und Brigadekommandeur Ludendorff bewies sich als Meister des Kriegshandwerks und als solcher fähig für höhere militärische und politische Weihen. Der deutsche Vormarsch, geringfügig zeitverzögert wegen des unerwarteten Widerstandes, verbreitete Entsetzen vor allem auch in der Zivilbevölkerung. Nicht nur Männer, sondern auch Frauen und Kinder fielen dem deutschen Überfall zum Opfer: 211 Tote in Andenne, 384 in Tamines, 612 in Dinant. Die Geiseln wurden im Zentrum der Orte zusammengetrieben und die Exekutionen wurden nicht von Sondereinheiten durchgeführt, sondern von normalen Wehrpflichtigen. Anzumerken ist, dass die ersten Bomben in diesem Krieg von einem deutschen Zeppelin am 6. August 1914 über Lüttich abgeworfen wurden, weitere am 24. August über Antwerpen. Löwen, die Universitätsstadt von europäischem Rang, brannte drei Tage. Es entstand ein unwiederbringlicher Schaden an unzähligen Gebäuden, beispielhafte Architektur wurde dadurch vernichtet. In der völlig zerstörten Universitätsbibliothek Löwen gingen 230.000 Bücher verloren. 209 Zivilisten kamen ums Leben und 42.000 Einwohner der Stadt wurden verjagt.

Nach dem vermehrten Einziehen der männlichen Bevölkerung Deutschlands zum Kriegsdienst trachtete die Reichsregierung danach, die personelle Lücke in der Rüstungsindustrie zu füllen. Dies geschah mit nahezu 60.000 belgischen Zivilisten, die in Güterzügen zur Zwangsarbeit transportiert wurden. 10.000 weitere wurden in „Zivil-Arbeiter-Bataillonen" zusammengefasst und zu Hilfsarbeiten an der deutschen Westfront gezwungen. Gegen Ende des Krieges war Belgien zu 90 Prozent von den Deutschen besetzt, und eine Vielzahl von Orten, wie zum Beispiel Ypern, bestanden bei Kriegsende nur noch aus Ruinen.

Über 800.000 Belgier flohen ins neutrale Holland, setzten über den Ärmelkanal oder flüchteten nach Frankreich. Diese Menschenmassen waren Kronzeugen für die vielfältigen Massaker und Brandschatzungen der Deutschen, sowohl für die Alliierten als auch für das neutrale Ausland.

Gegen das verbreitete Bild vom hässlichen Deutschen protestierten deutsche Gelehrte und Künstler mit ihrem Pamphlet „Aufruf an die Kulturwelt", womit sie den Überfall auf Belgien rechtfertigten: Deutsche „Kultur" stellten sie französischer „Zivilisation" ent-

> *gegen – Pflicht, Ordnung, Volksgemeinschaft gegen Individualismus, Demokratie, Menschenrechte. Ja, das bestätigt meine seit langem bestehende Überzeugung, dass in Deutschland des 20. Jahrhunderts Demokratie und Menschenrechte nicht nur suspekt waren, sondern sogar als verwerflich galten.*

Aus dem Kriegstagebuch eines belgischen Soldaten

Zuletzt möchte ich einen von den 32.000 Freiwilligen, die sich Anfang 1917 zur belgischen Armee meldeten, zu Wort kommen lassen. Das Zitat stammt aus einem Heftchen, dass ich anlässlich meines Besuches mit der Kriegsgräberfürsorge in Belgien (Flanders Fields Museum) 2006 erwarb:

„Ich habe mich freiwillig gemeldet, um mein Land gegen einen barbarischen Angreifer zu verteidigen; um mein geliebtes Zuhause zu verteidigen, um die Welt gegen den preußischen Militarismus zu verteidigen. Für dieselben Ideen will ich den Krieg zu Ende kämpfen, und zwar mit größerem Kampfgeist, denn ich habe einen Bruder und all jene zu rächen, die von den deutschen Aggressoren zu Unrecht erschossen wurden, in erster Linie Herrn R., den Ehemann meiner lieben Patentante. Aber wenn Ihr meine Meinung zum Wehrdienst und zur militärischen Disziplin wissen wollt: Ich bin Antimilitarist. Ich liebe mein geliebtes Belgien, ich hasse Deutschland und alles Militärische. Verzeiht mir meine Offenheit, aber ich habe gelernt, dass man im Leben vor allem aufrichtig sein muss. Wenn ich diese Seite geschrieben habe, dann deshalb, weil ich gesehen habe, dass unter dem Schatten der Fahne Dinge geschehen, die ich verabscheue." *(Kriegstagebuch, Luis H., 2e Rgt. Carabiniers, 10. Februar 1917)*

Gefreiter Hitler wütend über den Weihnachtsfrieden

Michael Jürgs erwähnte den Auszug aus dem Kriegstagebuch des belgischen Soldaten verkürzt auch in seinem Buch „Der kleine Frieden im Großen Krieg" von 2003. In diesem Buch unter dem Untertitel „Westfront 1914: Als Deutsche, Franzosen und Briten gemeinsam Weihnachten feierten" findet sich eine geschichtlich bedeutungsvolle Anmerkung eines bayerischen Soldaten über den damaligen Kriegsteilnehmer und späteren Reichskanzler und Massenmörder Adolf Hitler, der dem deutschen Militär damit keine Ehre machte: „Adolf Hitler, der Gefreite, lag bei Wijtschate (Flandern) und hat damals sich zum Ereignis geäußert. Als so unerwartet an Weihnachten der Frieden ausbrach, sagte er wütend zu seinem Kameraden Heinrich Lugauer vom 16. Bayerischen Reserve-Infanterieregiment, es sei aufs Schärfste zu missbilligen, dass deutsche und britische Soldaten im Niemandsland sich die Hände reichten und miteinander Weihnachtslieder sängen statt aufeinander zu schießen. So was dürfte in Kriegszeiten nicht passieren. Daran erinnerte sich Lugauer. Die bayerischen Kameraden hörten nicht auf den Gefreiten Hitler. Zu preußisch stur sei dieser Österreicher." So weit die bei Jürgs zitierte Erinnerung eines bayerischen Soldaten.

Ich stelle fest, dass mein Großvater, zweieinhalb Jahre nach der kurzen Friedensaktion, am 12. Juni 1917 in unmittelbarer Nähe von Wijtschate – in Warneton im Kampf um eine Zuckerfabrik – sein Leben verlor.

Die Bedeutung der Gesellschaftssysteme der kriegführenden Staaten

Eine besondere Bedeutung hatten die Gesellschaftssysteme der kriegführenden Staaten. So gab es in Großbritannien, bedingt durch die konstitutionelle Monarchie, auch die Mitentscheidung des Parlaments bei der Kriegsführung. Im republikanischen Frankreich hingegen war das Parlament der alleinige Entscheidungsträger durch die gewählten Volksvertreter. Beispielhaft ist die Äußerung des französischen Premierministers Georges Clemenceau, der sinngemäß deutlich machte: „Wenn es um Krieg oder Frieden geht, darf man dies nicht Generälen überlassen." In Bezug auf Belgien hatte das französische Militär ursprünglich ähnliche Vorstellungen wie die Kriegsherren Deutschlands, was aber vom französischen Parlament schon im Keim erstickt wurde. Ein weiteres Beispiel ist das sensationelle Ereignis „Weihnachtsfrieden", wo die Kriegsgegner menschliche Regungen zeigten und sich gemeinsam an das christliche Fest erinnerten. Dieses Ereignis fand in der deutschen Presselandschaft keine Erwähnung, den es galt als Sabotage. In Großbritannien hingegen war diese Aktion durchaus erwähnenswert.

Zerstörter Marktplatz der belgischen Universitätsstadt Löwen.

Die Bibliothek der Universität Löwen mit ihrem barocken Lesesaal vor dem deutschen Artilleriebeschuss.

113

Zeppelin über Antwerpen zur Unterstützung der deutschen Angriffe auf die trutzige Seefestung, wo sich Belgiens Heer, König und Regierung zurückgezogen hatten.

Am 25./26. August 1914 wurde die Universitätsbibliothek Löwen von deutschen Truppen zerstört. 300.000 Bücher verbrannten.

114

9. Der Krieg geht zu Ende

Wie Deutschlands militärische Elite ihre Verantwortung abschüttelte

Gab es deutsche Bemühungen, den Weltkrieg zu beenden? Und folgte nun ein demokratischer Aufbau im Lande? – Nahezu drei Jahre lang hatte der teilweise hoffnungsvolle Kriegsverlauf den Patriotismus und Chauvinismus im Land gefestigt und somit auch den Reichstag gestärkt. Auch der Friede von Brest-Litowsk, den die Deutschen am 3. März 1918 diktierten und mit maßlosen Zielen und Ansprüchen spickten, hat sicherlich – angefacht durch die deutsche Propaganda – kurzzeitig einen Siegesrausch der Bevölkerung entfesselt. Nach all den Jahren der großen Not und Entbehrungen im Lande war dies ein vorübergehender Hoffnungsschimmer, der sich rasch als trügerisch erwies.

Selbst ein Teil der militärischen Führung hatte Zweifel an einem siegreichen Ende. Die Ursachen hierfür waren Rückschläge an der Westfront. Ihr Allheilmittel sah die Militärführung im totalen U-Boot-Einsatz, um hierdurch das Ziel, Europa zu beherrschen, endlich zu erreichen. Auch der Kaiser stimmte nach anfänglichem Zögern dieser Entscheidung zu. Im Februar 1917 wurde den Kommandanten der U-Boote erlaubt, „ … alle Schiffe unter Einsatz jeder verfügbaren Waffe ohne Vorankündigung anzugreifen". Die Folge war, dass reihenweise Kriegs- und Handelsschiffe, vor allem britische und amerikanische, versenkt wurden. Dieses barbarische Verhalten veranlasste noch weitere Staaten, in den Krieg gegen Deutschland einzutreten.

Aber nicht nur dieses Ereignis war eine Provokation für den Kriegseintritt der USA. Von nicht unwesentlicher Bedeutung für Präsident Wilson, der lange sich geweigert hatte, amerikanische Soldaten zu opfern, war die Depesche des deutschen Außenministers Arthur Zimmermann vom 16. Januar 1917 an die Regierung von Mexiko, die sich mit den USA in großer Feindschaft befand. Zimmermann schlug ein gemeinsames Kriegsbündnis vor, das für Mexiko ein lukratives, attraktives Angebot beinhaltete. Vor allem aber hoffte Deutschland darauf, dass auf diese Weise eine Kriegsteilnahme der Amerikaner in Europa verhindert werde. Dieses Dokument wurde Präsident Wilson erst am 24. Februar übermittelt und löste in den Vereinigten Staaten ein politisches Erdbeben aus. Auch die dortigen Gegner und Zweifler an einer Kriegsteilnahme der USA in Europa leisteten nun keinen Widerstand mehr. Die Kriegserklärung des Präsidenten erfolgte am 5. April, aber wegen der Unerfahrenheit der amerikanischen Soldaten sahen die Deutschen keine große Gefahr darin.

Die deutsche Frühjahrsoffensive, die Ende März 1918 begann, brachte zwar Gebietsgewinne im Norden Frankreichs, aber die erhoffte entscheidende Attacke wurde nicht erreicht, obwohl ja eine große Anzahl deutscher Soldaten, die nach dem Friedensschluss von Brest-Litowsk aus den besetzten Gebieten Russlands abgezogen wurden, nun im Westen zur Verfügung stand. Trotz der Verstärkung aus dem Osten schwächte sich die deutsche Offensive kontinuierlich ab, und in dieser Situation begann Mitte Juli die Gegenoffensive der Alliierten. Und nun machten sich die zwischenzeitlich 300.000 in Europa eingetroffenen US-Soldaten als Gegner Deutschlands entscheidend bemerkbar. Besorgniserregend war auch die Situation der Verbündeten im Osten, die seit einiger Zeit eher eine Belastung für Deutschland waren als eine Hilfe. Kaiser Karl von Österreich-Ungarn hatte frühzeitig die problematische, ja dramatische Situation erkannt und geheime friedensstiftende Kontakte gesucht, was ihm vom deutschen Partner jedoch maßregelnde Kritik einbrachte.

Die von den Deutschen hastig errichtete Verteidigungslinie im Feindesland hielt nicht lange. Denn die Überlegenheit der alliierten Truppen verstärkte sich zusehends. Dies führte zur Hoffnungslosigkeit in der Obersten Heeresleitung. Das Ergebnis war die lapidare Mitteilung General Ludendorffs am 29. September 1918 an den Kaiser, dass der Krieg verloren sei. Der Gipfel der Lüge und Feigheit bestand darin, dass die militärische Elite ihre Verantwortung „abschüttelte" und die Schuld für den verlorenen Krieg auf die fast machtlose zivile Regierung und auf jene Kräfte schob, die einen Verständigungsfrieden anstrebten. Die Möglichkeit hierfür hatte noch wenige Wochen vor dem 29. September bestanden.

Friedensgefährdende Maßnahmen und vertane Möglichkeiten zum Friedensschluss im Rückblick

Das Läuten von Alarmglocken und Irritationen in Europa wurden ausgelöst durch die deutschen Flottengesetze von 1900 und 1906, zumal es sich bei Deutschland weitgehend um ein Binnenland handelt. Verstärkt wurde diese Beunruhigung durch eine Vielzahl abenteuerlicher Verhaltensweisen, die dem Frieden in Europa nicht dienlich waren. Selbst der größte Despot seiner Zeit, der russische Zar Nikolaus II., forderte am Anfang seiner Regierungszeit Rüstungsbeschränkungen, aber auch einen internationalen Gerichtshof zur Regulierung zwischenstaatlicher Konflikte. Auch die 1899 und 1907 in Den Haag zur Stärkung des Friedens abgehaltenen Konferenzen wurden von Deutschland ignoriert, ebenfalls die britischen Vertragsangebote von 1898, 1901 und 1907. Der Rückversicherungsvertrag mit Russland, der aus Sicherheitsgründen durch Bismarck vereinbart und noch vor seiner Entlassung verlängert wurde, hatte nach der Ära des „eisernen Kanzlers" keinen Bestand mehr, trotz verbesserter Bedingungen für Deutschland. Der Schlieffen-Plan, der den Namen des Generalstabschefs trägt, wurde seit 1895 diskutiert und 1905 verabschiedet. Er sah einen raschen, siegreichen Angriffskrieg im Westen vor, um sich anschließend auf den Osten zu konzentrieren. Alle diese Verhaltensweisen Deutschlands führten zur Isolierung und verstärkten das Wettrüsten.

Interessant ist, dass der Generalstabchef Moltke bereits am 9. September 1914 aufgrund von taktischen Fehlern einen Nervenzusammenbruch erlitt und daraufhin dem Kaiser meldete, dass der Krieg verloren sei. Moltke wurde daraufhin entlassen und durch Erich von Falkenhayn ersetzt. Dieser geriet am 18. November in eine ähnliche Situation, nur setzte er sich mit Kanzler Bethmann Hollweg in Verbindung und teilte ihm mit, dass der Krieg nicht zu gewinnen sei. Er empfahl dem Kanzler „eine diplomatische Liquidierung des Krieges und einen Verhandlungsfrieden". Gegen diesen Vorschlag waren der Kanzler sowie Hindenburg und Ludendorff. Die beiden Militärs waren weiterhin für einen absoluten Siegfrieden. „Frieden ohne Sieg", dass heißt Kompromiss-Friede. Noch bevor die USA aktiv in den Krieg eingriffen, im Frühjahr 1917, versuchte ihr Präsident Wilson unter den Kriegsgegnern zu vermitteln. Sein Ziel war, den Krieg ohne Sieger zu beenden. Dies wurde unter den Kriegsteilnehmern weitgehend wohlwollend aufgenommen, auch in Berlin. Nur die deutsche Oberste Heeresleitung sträubte sich dagegen, was wieder einmal deutlich vor Augen führt, wer in Berlin das Sagen hatte: nämlich eine Militärdiktatur. Auf deren Initiative erfolgte der uneingeschränkte U-Boot-Krieg, der den Deutschen ermöglichen sollte, den Krieg doch noch zu gewinnen. Der Plan ging nicht auf, und damit schwand die Chance auf einen Frieden.

Der Reichstag, der nur mäßige Kompetenzen hatte, stellte am 19. Juli 1917 den Antrag auf eine Friedensresolution. Dem Antrag stimmten 212 Abgeordnete zu, 162 waren dagegen. Der Beschluss lautete: „Der Reichstag erstrebt einen Frieden der Verständigung und der dauernden Versöhnung der Völker. Mit einem solchen Frieden sind erzwungene Gebietserwerbungen und politische, wirtschaftliche und finanzielle Vergewaltigungen unvereinbar."

> Zu der Thematik „Krieg/Frieden" möchte ich den Urenkel des
> Kaisers Wilhelm II., Friedrich Wilhelm Prinz von Preußen, aus
> einem Spiegel-Interview von 2011 zitieren:
> Frage: Welches Familienmitglied sehen Sie am kritischsten?
> Antwort: Meinen Urgroßvater. Er war ein Unglück für Deutschland
> und für unsere Familie.*) 1888 bestieg er den Thron, 30 Jahre spä-
> ter hatte er die Monarchie verspielt. Wilhelm II. hat 1914 versagt.
> Er wollte den Krieg zwar nicht und war kein Militarist, auch wenn
> er zehnmal am Tag die Uniform wechselte. Aber er hat keinen ernst-
> haften Versuch unternommen, den Krieg zu verhindern.
>
> *) Als Autor erlaube ich mir, das Zitat mit dem Zusatz „und
> Europa" zu ergänzen.

Ein Aufstand löste den Krieg ab

Eine Revolution, die Leben rettet, ist eine absolute Seltenheit – sie geschah Anfang November 1918 in Norddeutschland. Der Krieg war de facto fünf Wochen zu Ende, selbst Ludendorff und die Oberste Heeresleitung machten dem Kaiser deutlich, dass der Krieg verloren sei. Doch die Seekriegsleitung war offenbar nicht von dieser Welt und wollte noch von Wilhelmshaven aus zur Entscheidungsschlacht gegen England auslaufen. Als die Matrosen von dieser Harakiri-Planung erfuhren, traten sie in den Streik und erhielten wirkungsvolle Unterstützung. Dies löste eine Revolution aus, denn dieser Vorgang war nicht mit der Reichsregierung abgesprochen. Viele aufrührerische Matrosen waren festgenommen worden. Ihnen wurde angedroht, vor das Kriegsgericht gestellt und zum Tode verurteilt zu werden. Gegen diese Maßnahme entwickelte sich eine Protestaktion, bei der am 3. November sieben demonstrierende Arbeiter und Soldaten erschossen wurden. Die angespannte Lage entlud sich am 4. November im Kieler Matrosenaufstand. Die Aufständischen bemächtigten sich der Schiffe und hissten die rote Fahne. Aus dieser Situation heraus entstand eine Art Flächenbrand über Nord- und Westdeutschland. Zu den Matrosenräten gesellten sich Soldaten- und Arbeiterräte.

Als der Kaiser vom Beginn des Aufruhrs hörte, forderte er militärische Verbände an, an deren Spitze er die Aufstände persönlich niederschlagen wollte. Seine Getreuen mussten ihm deutlich machen, dass das Heer sich mitten in der Auflösung befand. Es war der Beginn der Novemberrevolution in Deutschland.

Der friedliche Übergang von der Monarchie zur parlamentarischen Demokratie

Als Wolf im Schafspelz entpuppte sich General Ludendorff, der nun nicht mehr als schrankenloser Militarist, sondern als Friedensengel auftrat. Er forderte am 29. September 1918 schnellstmögliche Waffenstillstandsverhandlungen und die Einsetzung einer parlamentarischen Regierung. Sein Ziel war dabei, sich aus der Verantwortung zu stehlen. Sebastian Haffner schrieb in diesem Zusammenhang: „Es sei ein schrecklicher Augenblick für Feldmarschall Hindenburg und für ihn gewesen, dies dem Kaiser und dem Kanzler melden zu müssen, meinte Ludendorff. Der Reichskanzler Graf Hertling habe in würdiger Weise dem Kaiser erklärt, er müsse daraufhin sofort sein Amt niederlegen. Nach so vielen Jahren in Ehren könne und wolle er als alter Mann nicht sein Leben damit beschließen, dass er jetzt ein Gesuch um Waffenstillstand einreiche. Der Kaiser habe sein Abschiedsgesuch angenommen." Nicht nur der alte Reichskanzler wurde von der Nachricht „erschlagen". Auch Prinz Max von Baden, der neue Kanzler und ein liberaler Geist, der Ludendorffs Kriegspolitik, vor allem den U-Boot-Krieg, kritisierte, fiel aus allen Wolken, als er am 1. Oktober bei der Ankunft in Berlin erfuhr, was man ihm zumutete. Ein paar Tage

kämpfte er einen verzweifelten Kampf gegen das Waffenstillstands-
gesuch; es ging denn auch erst am 4. Oktober hinaus, nicht am 1. Oktober, wie Ludendorff verlangt hatte *(soweit Haffner)*. Dieser Vorgang
macht einmal mehr deutlich, dass weder das Parlament, noch die
Regierung – vor allem ab dem Jahr 1916 – über Krieg und Frieden ent-
scheiden durften.

Einen couragierten Schritt wagte Prinz Max von Baden, als er am
9. November dem zögernden Kaiser dessen Abdankung eigenmächtig
bekannt gab und desgleichen auch den Thronverzicht des Kronprinzen. Die schriftliche Bestätigung der beiden erfolgte am 28. November
und am 1. Dezember 1918. Noch am 9. November übergab Max von
Baden sein Amt, das er nun über einen Monat inne hatte, an den Vorsitzenden der stärksten Fraktion, den Sozialdemokraten Friedrich
Ebert, der nun ab 10. November als Vorsitzender des Rates der Volks-
beauftragten fungierte.

Eine Vielzahl von Lügen und Legenden wurden unmittelbar nach dem
Krieg von der politischen Rechten verbreitet. Davon war eine besonders schwerwiegend, denn es traf die Mitglieder der Waffenstill-
standsdelegation, die man als „Volksverräter" diffamierte. Sie wurden
Opfer einer langjährigen Hetzkampagne, die für manche tödlich aus-
ging. Man weiß, dass die zivile Regierung ab 1916 nahezu bedeu-
tungslos war und das Militär eigentlich regierte. Tatsache ist aber, dass
„Generalfeldmarschall von Hindenburg die deutsche Delegation am
Abend des 8. November in zwei Depeschen ausdrücklich aufforderte,
die Bedingungen auch dann zu akzeptieren, wenn keine Verbesserun-
gen möglich seien".

Die schreckliche Bilanz des Ersten Weltkriegs

Nun ist der Krieg beendet – aber auch die schreckliche Bilanz muss
zur Kenntnis genommen werden. Der objektive Verband „Volksbund
Deutscher Kriegsgräberfürsorge e. V." meldet in seiner Broschüre
„Schicksal in Zahlen" folgende Bilanz:

121

- Menschenverluste im Ersten Weltkrieg insgesamt 9.737.000.
- Gefallene deutsche Soldaten 1.937.000 plus 100.000 Vermisste.
- Gefallene und vermisste Soldaten der übrigen Welt 7.200.000.
- Zivilbevölkerung der übrigen Welt 500.000.

Anzumerken ist, dass am 18. September 1922 der entlassene öster-reichische Frontsoldat Adolf Hitler im besiegten Deutschland sei-nen Plan verkündet, der lautete: „Es kann nicht sein, dass zwei Millionen Deutsche umsonst gefallen sind ... Nein, wir verzeihen nicht, sondern fordern – Vergeltung!" 17 Jahre später realisierte er als demokratisch legitimierter deutscher Reichskanzler sein Vor-haben. Der Zweite Weltkrieg hat bekanntlich das Fünffache an Menschenleben vernichtet.

Kann man bei dieser erschreckenden Bilanz von Toten und Kriegsversehrten zur Tagesordnung übergehen?

Tatsache ist, dass die zivilisierte Welt nach 44 Jahren Frieden aus einem Schlaf gerissen wurde. Der Krieg von 1870/71 war die Aus-einandersetzung zwischen Frankreich und den deutschen Bundes-ländern, der nach sieben Monaten zu Ende ging. Die Bilanz der Toten waren 42.000 Deutsche und über 90.000 Franzosen. Meine beiden Urgroßväter waren Kriegsteilnehmer und kehrten wieder in die Hei-mat zurück.

Die schreckliche Epoche der Kriegstechnik begann mit dem Ersten Weltkrieg, in dem erstmals Maschinengewehre, Panzer, Flugzeuge, U-Boote, Schlachtschiffe, Giftgas und andere todbringende Waffen und Kampfmittel eingesetzt wurden. In den ersten fünf Monaten des Ersten Weltkrieges hatte das deutsche Heer bereits 142.000 Gefallene zu be-klagen und 540.000 Verwundete. Dies macht deutlich, wie mörderisch sich die Kriegstechnik entwickelt hatte. Deshalb war schon in der

Phase des europäischen Wettrüstens, nämlich im Jahr 1899 in Den Haag, ein internationales Abkommen zum Schutz der Kombattanten, aber auch der Zivilbevölkerung geschlossen worden. Sie enthält Festlegungen für den Kriegsfall und zum Umgang mit Kriegsgefangenen, Beschränkungen bei der Wahl der Mittel zur Kriegsführung, zur Verschonung bestimmter Gebäude und Einrichtungen von gesellschaftlicher Bedeutung, sowie zum Verhalten einer Besatzungsmacht im besetzten Territorium. Also stand vertraglich auch in den Kriegsjahren 1914–18 der Umgang mit den Soldaten und den Zivilpersonen der Kriegsgegner unter humanitärem Schutz. Also war auch der Einsatz von chemischen Waffen wie Giftgas und Flammenwerfer nach der Haager Landkriegsordnung verboten. Also galt auch der Befehl des uneingeschränkten U-Boot-Kriegs als ein Kriegsverbrechen, genauso der Überfall auf das neutrale Belgien und Luxemburg, sowie die Verschleppung belgischer und luxemburgischer Bürger als Zwangsarbeitskräfte nach Deutschland. Auch Deutschland hatte sich vertraglich zur Einhaltung dieser humanitären völkerrechtlichen Festlegungen verpflichtet – daran gehalten hat es sich nicht.

Nach heutigen Erkenntnissen über den Ersten Weltkrieg und dessen Verlauf wären sicher eine Vielzahl von Verantwortlichen betroffen. Die Siegermächte beabsichtigten, wie später auch nach dem Zweiten Weltkrieg 1945/46, ein Strafverfahren einzuleiten. Dies scheiterte schon daran, dass die niederländische Königin sich weigerte, den im niederländischen Exil befindlichen deutschen Ex-Kaiser und „obersten Kriegsherrn" auszuliefern. Auch die USA waren aus juristischen Gründen ablehnend eingestellt. Großbritannien befürwortete weitgehend ein Strafverfahren. Nur Belgien und Frankreich, die am stärksten unter dem Krieg gelitten hatten, waren für eine Verurteilung der Angreifer.

Die Alliierten verzichteten auf die Durchführung eines Strafverfahrens vor allem deshalb, weil sich Deutschland bereit erklärt hatte, die Beschuldigten selbst vor das höchste deutsche Gericht, das Reichsgericht in Leipzig, zu stellen. Von den etwa 900 deutschen Militär- und Zivilpersonen, deren Auslieferung verlangt worden war, wurden letztlich nur sieben verurteilt – zu Freiheitsstrafen zwischen sechs Monaten und fünf Jahren. Zehn Angeklagte erhielten einen Freispruch, alle anderen Verfahren endeten mit einem Einstellungsbeschluss; der letzte erging 1931. Fazit: Mit dem Strafverfahren unter deutscher Leitung hat man „den Bock zum Gärtner gemacht".

Das Ende naht auch für den Obersten Kriegsherrn Kaiser Wilhelm II.

Auch für die größten Optimisten war ab dem 29. September 1918 klar, dass der Krieg verloren sei. Dies teilte der fanatische Kriegsstreiber und Hauptverantwortliche General Ludendorff mit. Zugleich machte er deutlich, dass ab sofort die Verantwortung beim Parlament und der Regierung liegt und diese die Waffenstillstandsverhandlungen einzuleiten haben. Für die nunmehr Verantwortlichen war dies eine erschütternde Nachricht und neue Situation, nachdem bisher die Militärs nur verheißungsvolle Meldungen verbreitet hatten. Als Bedingung für Waffenstillstandsverhandlungen forderten die Alliierten den Thronverzicht des Monarchen. Am 1. November sprach der preußische Innenminister Drews im Großen Hauptquartier in Spa vor, um den Monarchen zum Thronverzicht zu bewegen. Wilhelm II. lehnte dies mit der Begründung ab: „Wegen der paar hundert Juden und der 1.000 Arbeiter verlässt er nicht den Thron." Seinen Widerstand setzte er mit absurdesten Argumenten fort: „Wenn zuhause der Bolschewismus kommt, werde ich mich an die Spitze einiger Divisionen stellen, nach Berlin rücken und alle aufhängen, die Verrat geübt hätten: Dann wollen wir mal sehen, ob die Masse nicht doch zu Kaiser und Reich hält." Um Wilhelm von der Unmöglichkeit seines Vorhabens zu überzeugen, bestellte man eine größere Zahl von Frontoffizieren in das Hauptquartier. Ihnen wurde die Frage gestellt, ob die Armee gegebenenfalls gegen revolutionäre Entwicklungen in der Heimat vorzugehen bereit sei; nur ein einziger bejahte die Frage. Als der Kaiser und „oberste Kriegsherr" ankündigte, er werde nach Abschluss des Waffenstillstandes an der Spitze seiner Truppen nach Berlin marschieren, gab ihm General Wilhelm Groener, der Nachfolger von Ludendorff, die Antwort, die Wilhelm in die Realität zurückführte: „Unter seinen Generalen wird das Heer in Ruhe und Ordnung in die Heimat zurückmarschieren, aber nicht unter Führung Eurer Majestät."

Wilhelms Flucht nach Holland war eine Empfehlung von Hindenburg, Groener und Hintze, am Nachmittag des 9. November 1918. Den Oberbefehl übertrug Wilhelm auf Hindenburg: „Ich habe soeben abgedankt. Ich habe keine Lust, mich von irgendwelchen hergelaufenen Kerls aufhängen zu lassen", ließ er einen Vertrauten wissen. Von seinen Untertanen verabschiedete sich der Kaiser mit den Worten: „Ja wer hätte das gedacht, dass es so kommen würde. Das deutsche Volk ist eine Schweinebande." Diese Verabschiedung erinnert stark an Hitlers letzte Wochen im „Führerbunker".

Wilhelm – der luxuriöse Exilant

In seinem niederländischen Exil, zunächst in Amerongen und dann in Doorn, genoss der abgedankte Monarch seinen neuen Lebensabschnitt in Luxus und Reichtum. Sein neues „Reich" Doorn befindet sich in der Provinz Utrecht und ist 600.000 Quadratmeter groß. Der Preis lag bei 1,35 Millionen holländische Gulden, und nach Renovierung und Erweiterung hat Wilhelm es im Frühjahr 1920 bezogen. Nun konnte das kaiserliche Umzugsgut, das in 59 Eisenbahnwaggons verstaut wurde, nach Holland rollen. Aber bereits Ende November 1918 bewilligte die Berliner Revolutions-Regierung „zur Führung eines standesgemäßen Unterhalts" die Überweisung von Millionenbeträgen an den Exil-

Monarchen und ehemaligen Obersten Kriegsherrn und Haupt-
verursacher der Katastrophe. Im ersten Exil-Jahr beliefen sich die Zuwendungen an den Ex-Kaiser auf 66 Millionen Reichsmark. Die gigantische Summe alleine für die Hofhaltung erinnert an Ludwig XIV.
und war eine Provokation gegenüber den Millionen von Kriegsopfern.
Es gibt keinen Nachweis in der Geschichte, dass ein geflüchteter
Monarch sich je einer so gigantischen Abfindung erfreuen konnte.
Am Ende seines Lebens war der Flüchtling Wilhelm einsichtig, denn
sein selbst gewählter Grabspruch lautet: „Lobet mich nicht, denn ich
bedarf keines Lobes; rühmet mich nicht, denn ich bedarf keines Ruh-
mes; richtet mich nicht, denn ich werde gerichtet."

*Zurück vom holländischen Doorn ins Oberpfälzer Dörfchen Eils-
brunn*

*Nun zum Kontrastfall, zu meinem Großvater, Kleinstlandwirt und
saisonbedingten Waldarbeiter, der, wie man provokativ sagt, „im
Feld geblieben ist" – nein er ist ermordet worden für die hoch-
fliegenden Weltmachtpläne eines krankhaften, größenwahnsinnigen
Kaisers! Meine Großmutter und fünf kleine Kinder standen ohne
Ernährer da. Auf Anfrage bei der kommunalen Obrigkeit nach einer
Unterstützung war die Antwort gegenüber meiner Großmutter kurz
und bündig: „Da bekommst Du so wenig, dass es sich nicht lohnt,
einen Bleistift in die Hand zu nehmen." Ja, es gab zwei Kühe, die
Milch gaben, vor allem waren sie wichtig für die Bearbeitung der
etwa zwölf Tagwerk landwirtschaftliche Fläche, um Nahrung für
Menschen und Tiere zu erhalten. Meine Mutter war sieben Monate
alt, als die Todesnachricht ihres Vaters kam. Die älteren Kinder
wurden weitgehend zum Arbeiten benötigt, was zwangsläufig nur
zum sporadischen Schulbesuch führte. Erst nachdem sie nach sieben Jahren ihren zweiten Mann geheiratet hatte, verbesserte sich
die Situation meiner Großmutter und ihrer Kinder.*

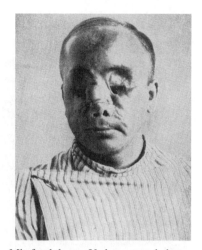

Mit einer Armprothese versucht ein Schwerkriegsversehrter, in das Erwerbsleben zurückzufinden.

Mit furchtbaren Verletzungen kehrten viele Soldaten, sowohl der Angreifer als auch der Alliierten, aus dem Krieg zurück: hier ein erblindeter Mann mit zerstörtem Gesicht.

Den deutschen Aggressoren war nichts heilig: sie verwüsteten auch die Kathedrale von Reims.

Nach dem Kriegsjahr 1916 liegt Verdun in Trümmern – rund 700.000 Menschenleben hat die Schlacht um die französische Stadt gekostet.

Zerstörte Häuserreihen in Verdun am Ufer der Maas, 1916.

Das Schlachtfeld bei Armentières im jahrelangen, verlustreichen Stellungskrieg an der Westfront.

Von Granatfeuer verwüstete Straße nahe dem französischen Fort Souville.

Unwiederbringliche Kulturgüter zerstörten die Deutschen nicht nur in den Städten, sondern auch auf dem Land: hier eine verwüstete Dorfkirche im Elsass.

Katastrophale Schäden nach dem deutschen Angriff auf ein Dorf in den Vogesen.

Mit den Ruinentrümmern des von ihnen zerstörten Schlosses Calincourt blockierten die Deutschen den Flusslauf der Somme; Soldaten der Alliierten räumten das Flussbett wieder frei.

Gegen sinnloses Töten und Sterben in den letzten Kriegstagen erhoben sich die Matrosen der deutschen Marine in Wilhelmshaven. Sie lösten damit die Novemberrevolution in Deutschland aus.

10. Das Morden geht weiter

Opfer der rechten Gewalt zu Beginn der Weimarer Republik

Stellvertretend für viele Opfer der rechten Gewalt zu Beginn der Weimarer Republik sei hier an zwei Menschen sehr unterschiedlichenTyps erinnert, die kurz nach dem Ende des Ersten Weltkriegs ermordet wurden.

Matthias Erzberger (1875–1921)

Matthias Erzberger war das älteste von sechs Kindern. Der Vater war Schneider und musste als Postbote das Familieneinkommen aufbessern. Nach der Schulzeit besuchte Matthias Erzberger die Präparandenanstalt (Vorbereitungsschule) in Schwäbisch Gmünd und im Anschluss das katholische Lehrerseminar, wo er die Volksschullehrerprüfung ablegte. Es folgte ein Studium des Staatsrechts und der Nationalökonomie, des weiteren betätigte er sich als Redakteur für das katholische Volksblatt in Stuttgart. Außerdem war er in katholischen Arbeitervereinen und in der Zentrumspartei aktiv. 1903 wurde er Mitglied des Reichstages und kritisierte die unmenschlichen Zustände in den deutschen Kolonien. Neben Karl Liebknecht kritisierte Matthias Erzberger die passive Haltung des Deutschen Reiches zur Politik des türkischen Verbündeten gegenüber der nicht muslimischen Bevölkerung, vor allem aber den Völkermord an Armeniern.
In der Anfangsphase des Krieges trat auch Erzberger für einen absoluten „Siegfrieden" ein. Aber schon frühzeitig beobachtete er eine Entwicklung, die ihn zum Anhänger eines „Verständigungsfriedens" werden ließ. Auch war er Mitinitiator der Friedensresolution des Reichstages vom 19. Juli 1917. Anfang Oktober 1918 ernannte der

neue Reichkanzler Prinz Max von Baden Erzberger zum Staatssekretär ohne Portefeuille. In dieser Eigenschaft wurde er zum Leiter der Waffenstillstandskommission berufen. Er unterzeichnete auf Wunsch von Paul von Hindenburg am 11. November 1918 als erster der vierköpfigen deutschen Delegation den Waffenstillstand von Compiègne, der die Kampfhandlungen des Ersten Weltkrieges beendete. Obwohl Erzberger die Zustimmung von Hindenburg, dem späteren Reichspräsidenten, erhielt, wurde er als „Erfüllungspolitiker" verteufelt, was letztendlich seinen Tod durch rechte Gewalt herbeiführte: Am 28. Januar 1920 erfolgte der erste Mordanschlag durch den ehemaligen Fähnrich Oltwig von Hirschfeld, der zwei Kugeln auf Erzberger abfeuerte und ihn verletzte. Der Attentäter wurde lediglich zu 18 Monaten Gefängnis verurteilt. Am 26. August 1921 gingen zwei Marineoffiziere, Tillessen und Schulz, an das mörderische Werk. Sie schossen sechsmal auf den Politiker, der sich auf Erholungsurlaub befand. Schwer verletzt stürzte Erzberger, und die Attentäter töteten ihn aus nächster Nähe mit zwei Schüssen in den Kopf. Die Mörder flüchteten ins Ausland. 1933 kehrten sie aus Spanien in das nationalsozialistische Deutschland zurück und wurden amnestiert.

Walther Rathenau (1867–1922)

Nach dem Besuch des König-Wilhelm-Gymnasiums in Berlin studierte Walther Rathenau in Straßburg und Berlin Physik, Philosophie und Chemie bis zur Promotion. 1889/90 studierte er Maschinenbau an der Technischen Hochschule München. Sein Vater Emil Rathenau war der Gründer der AEG. Auf dessen Wunsch übernahm Walther Rathenau von 1893 bis 1898 den Aufbau der von der AEG gegründeten Elektrochemischen Werke in Bitterfeld und Rheinfelden. Nach seinen umfangreichen und vielseitigen Studien und Praktika konnte er sich mit Fug und Recht als Industrieller, Schriftsteller und Politiker bezeichnen. Belastend schien er aber seine deutsch-jüdische Abstammung zu empfinden. Rückblickend schrieb er über seine Jugendzeit: „In den Jugendjahren eines jeden deutschen Juden gibt es einen schmerzlichen Augenblick, an den er sich zeitlebens erinnert: wenn ihm zum ersten Male voll bewusst wird, dass er als Bürger zweiter Klasse in die Welt getreten ist und keine Tüchtigkeit und kein Verdienst ihn aus dieser Lage befreien kann."

Eine mögliche Interpretation für Walther Rathenaus Empfinden lautet: „Die traumatisch erlebte Kluft zwischen Zugehörigkeit zur Elite und gleichzeitiger Diskriminierung begleitete ihn und bestimmte sein Handeln und Denken sein Leben lang." War er womöglich ein überzeugter, aber auch opportunistischer Patriot, der Anerkennung suchte?

Rathenau erkannte offenbar sehr früh, dass die deutsche Wirtschaft mangelhaft auf den Krieg, vor allem auf einen jahrelangen Krieg, vorbereitet war. Er fand bei einer Vielzahl von Entscheidungsträgern Zustimmung und wurde Leiter der Kriegsrohstoffabteilung. Seine anfängliche skeptische Haltung bezüglich des Kriegsbeginns änderte sich durch seine Aufgabe. So soll er sich für die Bombardierung Londons mit dem Zeppelin ausgesprochen haben. Mit seiner Forderung, 700.000 Belgier zur Zwangsarbeit nach Deutschland zu deportieren, hatte Rathenaus Radikalität ihren Gipfel erreicht. Er dachte auch daran, noch in den letzten Kriegsmonaten die deutsche Bevölkerung zu einer „nationalen Erhebung" zu motivieren.

Die politische Umorientierung fiel ihm nach dem Krieg schwer, hatte er doch lange den Ausgang des Krieges sehr unrealistisch eingeschätzt. Aber wegen seines Entspannung fördernden Verhandlungsgeschicks und seines internationalen Ansehens ergaben sich für ihn neue Betätigungsfelder. Auch war er Gründungsmitglied der Deutschen Demokratischen Partei. Im Mai 1921 wurde Rathenau Wiederaufbau-Minister. Schon Ende Oktober trat er von diesem Posten zurück. Am 31. Januar 1922 wurde er zum Außenminister ernannt, um Deutschland bei der Weltwirtschaftskonferenz in Genua zu vertreten. Hier gelangen ihm keine Fortschritte in der Reparationsfrage. Im April 1922 in Rapallo hingegen glückte ihm der Abschluss eines Sondervertrages mit Sowjetrussland, der Deutschland außenpolitisch mehr Handlungsfreiheit brachte.

Dann kam der Tag, an dem Walther Rathenau ermordet wurde. Berlin, 24. Juni 1922: „Auf dem Weg von Rathenaus Villa in der Königsallee bemerkten weder er noch sein Chauffeur, dass sie von einem Wagen verfolgt wurden. Kurz vor einer Kreuzung, als Rathenaus Fahrer angesichts der folgenden S-Kurve abbremsen musste, überholte der

Matthias Erzberger, 1921 von zwei rechtsradikalen Marineoffizieren ermordet.

Walther Rathenau, 1922 von antisemitischen Attentätern ermordet.

verfolgende Wagen, ein offener Mercedes-Tourenwagen, an dessen Steuer der 20-jährige Maschinenbaustudent Ernst Werner Technow saß. Im Fond saßen der 23-jährige Student der Rechtwissenschaften Erwin Kern und der 26-jährige Maschinenbauingenieur Hermann Fischer. Während Kern mit einer Maschinenpistole MP18 auf Rathenau feuerte, warf Fischer eine Handgranate in den Wagen. Der von fünf Schüssen tödlich getroffene Rathenau starb binnen kürzester Zeit. Den Attentätern gelang die Flucht durch die Wallotstraße und anschließend die Herbertstraße." Soweit der Bericht. Die Polizei stellte rasch einen Zusammenhang mit den Attentaten auf Matthias Erzberger und Philipp Scheidemann her. Das Mordmotiv im Fall Rathenau waren die weit verbreiteten antisemitischen Beweggründe. Ausgeführt wurde das Verbrechen durch die Organisation Consul, Nachfolgeorganisation der verbotenen Brigade Ehrhardt. Sie führte den Ungeist des Korvettenkapitäns Hermann Ehrhardt fort, der seit Kriegsende die Fäden zog, wo immer es galt, den politischen Gegner gewaltsam zu eliminieren.

Den Deutschen fehlte eine demokratische Tradition

Die unmittelbare Nachkriegszeit machte deutlich, dass in Deutschland kein Hauch von demokratischer Basis vorhanden war. Der erste hoffnungsvolle Versuch war 1848/49, als es um Einheit und Freiheit ging. Selbst der Preußenkönig Friedrich Wilhelm IV. machte dem Volk Hoffnung, in dem er verkündete: „Preußen geht in Deutschland auf." Zwischen 40 und 75 Prozent der Wahlberechtigten beteiligten sich an der Wahl der etwa 600 Abgeordneten, die sich am 18. Mai 1848 zu ihrer ersten Sitzung in der Frankfurter Paulskirche trafen. Der Historiker Golo Mann behauptete: „Nie gab es auf Erden ein gebildeteres Parlament: Über hundert Professoren, über zweihundert gelehrte Juristen, dann Schriftsteller, Geistliche, Ärzte, Fabrikanten, Bankiers,

Gutbesitzer usw. Greise aus der Napoleonzeit, aber auch junge Leute, die das zwanzigste Jahrhundert sehen werden." Auch der Turnvater Jahn war dabei, der behauptete, die Deutschen seien ein auserwähltes Volk – und von dem Hitler behauptete, er wäre der erste Nationalsozialist. Dieses Parlament soll ein Kind der Revolution gewesen sein?

Aber während die Abgeordneten in der Paulskirche die Zukunft gestalteten und eine Verfassung verabschiedeten, organisierte sich das Militär, um das aus seiner Sicht demokratische Abenteuer zu beenden. Am 23. Juli 1849 wurde die Festung Rastatt nach dreiwöchiger Belagerung durch preußische Truppen eingenommen. Es war ein Kampf zwischen David (Freiheitskämpfer) und Goliath, der mit der Bestattung einer demokratischen Bewegung endete. Mehr als 80.000 Badener verließen daraufhin ihre Heimat – aus politischer Hoffnungslosigkeit, aber auch, um ihr Leben zu retten. Viele von ihnen erlebten im Ausland berufliche, aber als Demokraten auch politische Erfolge.

Warum ist der deutsche Boden so unfruchtbar für Demokratie und Menschenrechte?

Es war gut gemeint mit der Installierung der demokratischen Weimarer Verfassung vom 31. Juli 1919, aber es fehlten schlicht und einfach die Demokraten; im Gegensatz zu Frankreich, Großbritannien und den USA, wo eine mehrhundertjährige Tradition bestand. In Deutschland waren freiheitliche demokratische Spielregeln suspekt, das war etwas „Fremdartiges" und somit verwerflich.

Drei Säulen sind bekanntlich das Fundament einer funktionierenden Demokratie: Legislative, Exekutive und Judikative (gesetzgebende, vollziehende und richterliche Gewalt im Staat). Die letztgenannte war nur ein Papiertiger, denn dass die Rechtsradikalen in der Weimarer Republik von der Justiz „himmelschreiend" begünstigt wurden, wird heute von keinem Historiker bestritten. Deprimierend ist, dass von 12.000 Richtern nur 400 dem Republikanischen Richterbund angehörten und sich mit dem demokratischen System verbanden. Die gigantische Mehrheit der Richter und Staatsanwälte hingegen identifizierten sich mit dem elitären, autoritären System, in dem sie erzogen wurden und weitgehend auch gut gelebt hatten. Ein trauriger, aussagekräftiger Beweis für deren „Arbeit": Bis 1924 wurden mehr als 400 politische Gegner von rechtsradikalen Attentätern umgebracht, von denen nur 70 verurteilt wurden. Das Kontrasturteil bei 22 Morden der Linken: zehn Todesurteile, dreimal lebenslänglich, und alle anderen kamen für 15 Jahre hinter Gitter.

Der Hitler-Putsch vom 9. November 1923

Eine besonders authentische Publikation zu dieser Thematik stammt aus der Feder von Otto Gritschneder, Rechtsanwalt, praktizierender, aber auch kritischer Katholik. Das Buch beinhaltet den Ablauf des Hitler-Putsches vom 9. November 1923, an dem sich auch General Ludendorff beteiligt hat und wobei vier Polizisten der bayerischen Landespolizei getötet wurden. Das Buch trägt den Titel: „Der Hitler-Prozess und sein Richter Georg Neithardt, Skandalurteil von 1924 ebnet Hitler den Weg" (2001). Auf dem Schutzumschlag steht: „Nach dem Marsch zur Feldherrnhalle stehen Hitler und Konsorten einer Justiz gegenüber, die mit ihnen sympathisiert, das Recht beugt und sie mild behandelt. Gritschneder schildert die Verbrechen und den Prozess. Das wenig bekannte und schwer zugängliche Urteil* gibt er im vollen Wortlaut mit erläuternden Anmerkungen wieder. Erstmals werden Lebenslauf und Karriere des Vorsitzenden Georg Neithardt an Hand der nun zugänglich gewordenen Akten dokumentiert. Viel wäre der Menschheit erspart geblieben, hätte die Justiz damals ihre Pflicht erfüllt. Eine hochinformative Dokumentation und nachdrückliche Mahnung an Politik und Justiz."

*) Von den bekannten fünf Jahren musste Hitler nur acht Monate abbüßen, die er mit dem Schreiben seiner Hetzschrift „Mein Kampf" nutzte. General Ludendorff, der sich am Putsch aktiv beteiligt hatte, wurde freigesprochen.

Mein Vorwurf an den ehemaligen Präsidenten der Vereinigten Staaten von Amerika – bezogen auf das Kriegsende 1918

Der aktive Kriegseintritt der USA auf Seiten der Alliierten erfolgte durch den uneingeschränkten U-Boot-Krieg Deutschlands. Aber auch wegen des erschreckenden „Diktat-Friedens", den das deutsche Reich Russland aufgezwungen hat und damit dort dem Kommunismus zum Sieg verhalf. Aus dieser Situation heraus entwickelte Präsident Wilson sein 14-Punkte-Programm, das unter anderem die Freiheit und Selbständigkeit der Völker und die demokratische Staatsform umfasste. Kern meines Vorwurfs ist deshalb, dass Präsident Wilson nicht die Kriegsverursacher und Kriegsverlängerer zur Rechenschaft ziehen wollte, sondern die ohnmächtigen Parlamentarier. Er nahm nicht zur Kenntnis, dass Deutschland ab 1916 de facto eine Militärdiktatur war. Die zivilen Teilnehmer der Waffenstillstands- und Friedensverhandlungen wurden von den Militärs und von den antidemokratischen Rechtsradikalen als „Volksverräter" diffamiert. Dieser Personenkreis hat weitgehend die Weimarer Republik ruiniert und sich als Steigbügelhalter Hitlers betätigt, wie das Beispiel des Generals Ludendorff beweist.

Warum ist der Versailler Vertrag so umstritten – vor allem für uns Deutsche?

Wie konnte es dazu kommen, dass der Hass auf die Siegermächte des Ersten Weltkrieges weitgehend sehr ausgeprägt war beziehungsweise teilweise heute noch ist? Auch ich beschäftigte mich mit dieser Frage über einen längeren Zeitraum hinweg. Ich stellte mir diese Frage schon in der Zeit, wo Lehrer und Historiker noch im Dienste der Gesellschaft die deutsche Unschuld verteidigten sowie Lügen und Legenden verbreiteten. Es war aber auch die Zeit, in der noch kein Zugang zu den Archiven, weder öffentlichen noch privaten, möglich war. Auch wurden viele weitere Quellen erst nach der Wiedervereinigung Deutschlands zugänglich. Heute weiß man, dass nicht wir angegriffen wurden, sondern umgekehrt wir die Angreifer waren – auch die größten Geschichtsfälscher müssen das einsehen.

Fazit nach vier Jahren Krieg, die den Versailler Vertrag verursachten

- Der Krieg begann mit dem Bruch des internationalen Kriegsrechts, indem das Deutsche Reich das neutrale Belgien und Luxemburg überfiel.
- Der Einsatz von Flammenwerfer und Giftgas als chemische Waffen war nach der Haager Landkriegsordnung von 1907 verboten; dies unterschrieb auch Deutschland. Dennoch wurden beide Waffen erstmals von den Deutschen verwendet: die Flammenwerfer 1914 während der Kämpfe in den Argonnen. Verstärkt erfolgte der Einsatz am 26. Februar 1916 bei Verdun. Der Initiator der Schlacht, Generalstabschef Falkenhayn, erhoffte sich damit die Entscheidung zu Gunsten des Reiches. Das Ergebnis waren über 700.000 Tote und mehr als 300.000 Verwundete. Wer dort 50 Jahre später die Fried-

höfe besucht, kommt schockiert zurück. Die Funktion dieser qualvollen Waffe war vor allem für den Stellungskrieg von „Nutzen".

Die Zielsetzung lautete: „Der Gegner sollte durch die Angst vor dem Feuer demoralisiert, in Panik versetzt, aus den Stellungen getrieben und durch die Flammen verbrannt werden." Die Giftgas-Waffe ist ebenfalls eine deutsche „Errungenschaft"; sie wurde bei IG Farben produziert. Ihr erster Einsatz war am 22. April 1915 im belgischen Langemark. Die Wirkung dieser Waffe ist vergleichbar mit der vorhergehenden. Der Erfindergeist der Alliierten ließ nicht lange auf sich warten, und deren Skrupel, mit gleichen Mitteln zu kämpfen, verschwanden aus verständlichen Gründen. Nun wurden auch deutsche Soldaten Opfer der verheerend wirkenden Kampfmittel.

- Der Krieg wurde von Anfang bis Ende aussschließlich in „Feindesländern" geführt. Deutsche Patrioten und Militaristen sind heute noch stolz, dass kein feindliches Militär deutschen Boden betrat. Für die von den Deutschen angegriffenen Länder heißt das aber auch: mehr als vier Jahre Zerstörung von Wohnraum, Wirtschaftsgebäuden, Fabriken, sakralen Bauten und Kulturdenkmälern. Bombenabwürfe trafen Lüttich, Antwerpen und die britische Insel einschließlich London.

- Die Anzahl der Toten sowie physisch und psychisch Verwundeten ist bei den Kriegsgegnern um ein Vielfaches höher als bei den Deutschen. Das heißt, die Sozialleistungen für die Hinterbliebenen, aber auch für die Versorgung der Invaliden waren beträchtlich.

- Die durch Kriegshandlungen geschädigten und teilweise vergifteten (Giftgas/ Flammenwerfer) Anbauflächen waren über lange Zeit nicht mehr nutzbar.

- Ein nicht unwesentliches Argument und Orientierung für den Versailler Vertrag war der Friede von Brest-Litowsk. Dieses Friedensdiktat vom 3. März 1918 gegenüber Russland, verursacht durch das deutsche Militär, hat der Welt die grenzenlose Gier der deutschen Machthaber bewiesen. Deren Umfang ist an anderer Stelle dokumentiert.

• Zigtausende Zwangsarbeiter, vor allem aus dem besetzten Belgien, mussten die in Deutschland fehlenden Arbeitskräfte ersetzen.

Die Bestimmungen des Versailler Friedens

Unter dem Vorsitz Clemenceaus trat am 18. Januar 1919 in Paris die Friedenskonferenz zusammen, an der 27 Staaten, nicht aber die besiegten, teilnahmen. Im Ergebnis von Kompromissen, vor allem im Interessenausgleich Frankreichs und der USA, wurden die Bestimmungen des Versailler Friedens geschlossen: Zerstörung der Befestigungen und entmilitarisierte Zone, in der sich keine deutschen Truppen aufhalten durften, links und 50 Kilometer rechts des Rheins. Auslieferung fast des gesamten deutschen Kriegsmaterials sowie Beschränkung des neuen Berufsheeres auf 100.000 Mann Landtruppen, 15.000 Mann Marinetruppen und 4.000 Offiziere. Die beschlossenen Gebietsabtretungen umfassten Elsass-Lothringen, fast ganz Posen und Westpreußen und das Hultschiner Ländchen. Die Bergwerke im Saarland gingen in französisches Eigentum über. „Dass Deutschland und seine Verbündeten als Urheber des Krieges für alle Verluste und Schäden verantwortlich sind, welche die Alliierten erlitten haben", wurde in Artikel 231 bestimmt. Die endgültige Höhe der zu leistenden Reparationen in Form von Sachleistungen und Zahlungen blieb unbestimmt – bis Mai 1921 wurden vorerst 20 Milliarden Goldmark gefordert. So hat der Krieg dem Verursacher Deutschland ein Achtel seines Bodens, ein Drittel seiner Kohlen-, die Hälfte seiner Blei-, zwei Drittel seiner Zink- und drei Viertel seiner Eisenerzvorkommen gekostet. Die Hegemonie in Europa nach 1919 übernahm das Nachbarland Frankreich.

Warum Deutschland unverantwortlich den Krieg aus-gelöst und dadurch „grob-fahrlässig" getötet hat

Meine Anklage wegen „grob-fahrlässiger Tötung" meines Großvaters als Soldat im Ersten Weltkrieg beruht also – wie ich in den voranstehenden Kapiteln zu begründen versucht habe – auf einer Reihe von Fakten, die beweisen: Deutschland unter Kaiser Wilhelm II. hat absolut unverantwortlich gehandelt, als es den Ersten Weltkrieg begann. Festzuhalten gilt:

Deutschland war trotz jahrelanger Aufrüstung nicht für einen jahrelangen Krieg gerüstet. Deutschlands Außenpolitik war nach der Entlassung von Bismarck provozierend und nicht diplomatisch ausgerichtet. Der Kaiser meinte, der Schwerpunkt seiner Politik ist ein starkes Deutschland, denn in der Bündnispolitik sah er Abstimmungsprobleme. Der einzige potentielle Kriegspartner war Österreich-Ungarn, dem man ja bekanntlich einen Blankoscheck für den Kriegsbeginn gegen Serbien gab. Dies wurde von Österreich-Ungarn auch genützt, obwohl Serbien das gegen sich gerichtete Ultimatum weitgehend erfüllte, was sogar den deutschen Kaiser zur Feststellung veranlasste, dass nun kein Krieg mehr notwendig sei. Die Kriegsmaschinerie begann zu laufen, aber der deutsche Kaiser war nicht mehr im Stande, sie zu bremsen, warum auch immer. Dieses Ereignis führte dazu, dass Italien den Dreibund mit den Bündnispartnern Deutschland und Österreich-Ungarn aufkündigte, da dieses Bündnis auf der Grundlage von Verteidigung vereinbart worden war und nicht auf Angriff.

Österreich-Ungarn war vor allem innenpolitisch wegen der mehr als zehn Völker, die sich rivalisierend, ja feindlich gegenüberstanden, instabil. Man bezeichnete die Donaumonarchie auch als „Vielvölker-Kerker". Die Annexion Bosnien-Herzegowinas 1908 durch Österreich-Ungarn, aber mit deutscher Hilfe, verursachte nicht nur einen innenpolitischen Stachel, sondern auch einen außenpolitischen, in Bezug auf Russland. Ein besonderer Risikofaktor war das Militär, sowohl hinsichtlich der Kriegstechnik als auch personell. Eine besondere Tragik umgab den potentiellen Thronfolger Franz Ferdinand, der die Ursache für den Kriegsbeginn war, denn er war gegen den Krieg. Dies aus ganz rationalen und realistischen Gründen: erstens war er ein konsequenter Monarchist, der eine gesicherte Zukunft in der Dreikaiser-Koalition Russland, Österreich-Ungarn und Deutschland sah; zweitens war er gegen eine Problemlösung durch kriegerische Auseinandersetzung. Das machte der Thronfolger dem deutschen Kaiser Wilhelm und dessen Großadmiral Alfred von Tirpitz bei deren Besuch in Wien, einige Wochen vor seinem Tod, unmissverständlich klar. Franz-Ferdinand hatte auch erheblichen Zweifel an der Kriegstüchtigkeit Österreich-Ungarns und Deutschlands, aus verschiedenen Gründen.

Das Kräfteverhältnis unmittelbar vor Kriegsbeginn

Wie vermessen es für das deutsche Kaiserreich und seine Militärelite war, einen Krieg zu beginnen, zeigt auch das Kräfteverhältnis der Mittelmächte und der Kriegsgegner unmittelbar vor Kriegsbeginn.
Die gigantischen geographischen Ausmaße der Alliierten erstreckten sich über Russland, Frankreich (mit den Kolonien) und Großbritannien (mit den Kolonien). Die Einwohnerzahlen beliefen sich auf insgesamt 708 Millionen, davon 179 Millionen wehrfähige Männer.
Die Mittelmächte umfassten geographisch Deutschland, Österreich-Ungarn und die Türkei. Sie zählten insgesamt 138 Millionen Einwohner, davon 33 Millionen wehrfähige Männer. Entsprechend niedriger waren auch die Wirtschaftsleistung und Rüstungsausgaben.
Bei den Mittelmächten hatte Deutschland über mehr moderne schwere Artillerie verfügt als seine Verbündeten.

Literatur

Die im Folgenden angeführte Literatur war die Basis und Orientierung für dieses Buch:

Karl-Heinz Wagner: 1888. Das Drei Kaiser Jahr. München, Universitas in F. A. Herbig Verlagsbuchhandlung GmbH, 1988

Gerhard Hartmann/Karl Schnith (Hg.): Die Kaiser. 1200 Jahre europäische Geschichte. Wiesbaden, Marix Verlag GmbH, 2006

Gerhard Schulz: Revolutionen und Friedensschlüsse 1917/1920. München, Deutscher Taschenbuch Verlag, 5. Auflage 1980

Hans Herzfeld: Der Erste Weltkrieg. München, Deutscher Taschenbuch Verlag, 6. Auflage 1982

James Joll: Die Ursprünge des Ersten Weltkriegs. München, List Verlag 1984

Barbara Tuchmann: August 1914. Fischer Taschenbuch Verlag, 4. Auflage 2011

Thomas Rohkrämer: Der Militarismus der ‚kleinen Leute‘ – Die Kriegervereine im Deutschen Kaiserreich 1871–1914. München, Oldenburg-Verlag 1990.

Franz Herre: Wilhelm II., Monarch zwischen den Zeiten. München, Wilhelm Heyne Verlag 1993

Otto Gritschneder: Bewährungsfrist für den Terroristen Adolf H. – Der Hitler-Putsch und die bayerische Justiz. München, C. H. Beck-Verlag 1990

Christian Graf von Krockow: Die Deutschen in ihrem Jahrhundert 1890–1990. Rowohlt Taschenbuch Verlag 1992

John Keegan: Der Erste Weltkrieg/Eine europäische Tragödie. Kindler, 1. Auflage 2000

Otto Gritschneder: Der Hitler-Prozeß und sein Richter Georg Neithardt – Skandalurteil von 1924 ebnet Hitler den Weg. München, Beck-Verlag 2001

Michael Howard: Kurze Geschichte des Ersten Weltkriegs. München, Piper Verlag 2002

Sönke Neitzel: Kriegsausbruch – Deutschlands Weg in die Katastrophe 1900–1914. Pendo Verlag 2002

Volker Berghahn: Der Erste Weltkrieg. München, Verlag C. H. Beck, 5. Auflage 2014

Michael Jürgs: Der kleine Frieden im Großen Krieg. München, by C. Bertelsmann Verlag, 4. Auflage 2003

Der Erste Weltkrieg – Das Buch zur ARD-Fernsehserie. Autoren: Dr. Christine Beil, Werner Biermann, Heinrich Billstein, Dr. Jürgen Büschenfeld, Dr. Anne Roerkohl, Susanne Stenner und Gabriele Trost; Fachberatung: Prof. Dr. Gerd Krumeich, Universität Düsseldorf. Berlin by Rowohlt, Juli 2004

Wolfgang J. Mommsen: War der Kaiser an allem schuld? – Wilhelm II. und die preußisch-deutschen Machteliten. Ullstein Taschenbuch, 1. Auflage 2005

Roger Chickering: Das Deutsche Reich und der Erste Weltkrieg. München, Verlag C. H. Beck, 2. Auflage 2005

Volker Ullrich: Deutsches Kaiserreich. Fischer Taschenbuch Verlag, 2006

Volker Ullrich: Die nervöse Großmacht 1871–1918 – Aufstieg und Untergang des deutschen Kaiserreichs. Fischer Taschenbuch, 1997–2013 mit erweiterter Neuausgabe in Bezug auf neue Forschungen zum Kaiserreich und Ersten Weltkrieg (S. 701)

Sebastian Haffner: Die sieben Todsünden des Deutschen Reiches im Ersten Weltkrieg. Erstausgabe 1964, erstmals im Gustav Lübbe Verlag veröffentlicht 1981

John C. G. Röhl: Wilhelm II. Nördlingen, C. H. Beck 2013

Annika Mombauer: Die Julikrise – Europas Weg in den Ersten Weltkrieg. Nördlingen, C. H. Beck 2014

Fritz Fischer: Griff nach der Weltmacht. Nachdruck der 1967 erschienenen Sonderausgabe, mit Begleitwort des Verfassers 1977, Droste Taschenbücher Geschichte. 2002

Golo Mann: Deutsche Geschichte des XX. Jahrhunderts. Büchergilde Gutenberg 1958

Fritz Fischer: Krieg der Illusionen. Droste-Verlag 1969. [Anmerkung von Paul Sethe über den Autor: Professor Dr. Fritz Fischer ist Ordinarius für neuere Geschichte an der Universität Hamburg. Er erregt über die Fachwelt hinaus großes Aufsehen mit einem jetzt bereits in 4. Auflage vorliegendem Buch ‚Griff nach der Weltmacht‘. Auch das 1969 erschienene

Werk ‚Krieg der Illusionen' erlebt bereits ein Jahr später die zweite Auflage.]

Sebastian Haffner: Von Bismarck zu Hitler. München, by Kindler/Knaur 1987

Kurt Flasch: Die geistige Mobilmachung. Berlin, Alexander Fest Verlag 2000

Karl-Heinz Janßen: Und morgen die ganze Welt/Deutsche Geschichte 1871–1945. Donat Verlag 2000

Gerd Hankel: Die Leipziger Prozesse – Deutsche Kriegsverbrechen und ihre strafrechtliche Verfolgung nach dem Ersten Weltkrieg. Hamburger Edition 2003

Peter Zolling: Deutsche Geschichte von 1871 bis zur Gegenwart – Wie Deutschland wurde, was es ist. Carl Hanser Verlag 2005

Herfried Münkler: Der große Krieg – Die Welt 1914–1918. Berlin, Rohwohlt, 2. Auflage 2013

Guido Knopp: Der Erste Weltkrieg – Bilanz in Bildern. Edel German GmbH 2013

Gerd Krumeich: Der Erste Weltkrieg – Die 101 wichtigsten Fragen. München, C. H. Beck, 2. Auflage 2014

Eingesehene Ausstellungskataloge zur Thematik:

Zum Kriegsbeginn vor 90 Jahren in Berlin die Ausstellung:

Der Weltkrieg 1914–1918 – Ereignis und Erinnerung.
Im Auftrag des Deutschen Historischen Museums hg. von Rainer Rother

Zur Dauerausstellung im Bayerischen Armeemuseum:
Der große Krieg.
Von Dieter Storz

Große Landesaustellung Baden-Württemberg:
Fastnacht der Hölle – Der Erste Weltkrieg und die Sinne.
Verein zur Förderung des Hauses der Geschichte Baden-Württemberg e. V.

Rosengartenmuseum Kostanz:
Der Erste Weltkrieg am Bodensee: Die Grenze im Krieg.
Herausgeber: Tobias Engelsing

Jüdisches Museum München:
Krieg 1914–1918 – Juden zwischen den Fronten.
Ulrike Heikaus/Julia B. Köhne (Hg.)

Ein erfreuliches Erlebnis war für mich der kleine Katalog einer ländlich strukturierten Region Schwabens, der schonungslos die Geschehnisse im Ersten Weltkrieg darstellt.

Abbildungen

Privatarchiv Zierer: Trauerbild Spies, Feldpostkarte, Theres Spies, Geschwister Spies, Anwesen Spies, Soldatenfriedhof Langemark (3), Eilsbrunn (3), Gedenktafeln Diessen und Bayerisch-Eisenstein

Um Vaterland und Freiheit, 1.200 Bilddarstellungen des Krieges 1914/15, Leipzig 1915: Prinz Heinrich, Erzherzog Franz Ferdinand, Bethmann Hollweg, Moltke, Wilhelm II., Hindenburg und Ludendorff, Löwen Marktplatz, Zeppelin Antwerpen

Lenin Werke 2, Berlin 1963: Lenin 1897

Das Erste – Der Erste Weltkrieg: Verdun Uferhäuser, Souville

Ausstellungskatalog Rosengarten: Dorfkirche im Elsass, Vogesen-Dorf, Mensch mit Armprothese, erblindeter Mensch

Picture alliance: Universitätsbibliothek Löwen (2), Reims

Zolling: Armentières, Meuterei in Wilhelmshaven

Ferguson: Calincourt

Abendzeitung 19. August 2004: Verdun 1916

Deutsches Historisches Museum: Erzberger, Rathenau